東大教授が教える

とっておき
スポーツ上達ドリル

監修・深代　千之
絵・桐谷　綾

少年写真新聞社

この本を読むみなさんへ

　テレビでは、毎日のようになんらかのスポーツ競技が放送されています。そこで活躍する選手たちは、だれもが“特別な体と才能”を持っているように見えるかもしれません。そして、「わたしは運動神経が悪いから、あんなふうにはなれない」とか、「ぼくはセンスがないからムリ」などと思っている人もいるでしょう。しかし、この本を手に取ったみなさんは、きっと、「今より少しでも運動がうまくなりたい」と考えているのではないでしょうか。

　結論から言うと、生まれつき運動オンチの人はいませんし、だれでも練習をすれば、必ず今より上達することができます。「運動ができない」という人は、「できるまで練習したことがない」だけだからです。

　ただし、やみくもに練習するだけでは、思うように上達しないかもしれません。体をうまくコントロールし、巧みに動かす方法を知って練習をすることが、上達のためには大切なのです。そのような練習方法を「ドリル」といいます。

　この本では、いろいろな運動ごとに、効果的なドリルを紹介します。

＜この本の内容＞

第１章　体が動くしくみを知ろう：ドリルの前に、まずは、自分の体について学びましょう。人間の体は、骨・関節・筋肉がたがいに働き合って「動き」を生み出していますが、それらがどのようなつくりになっていて、どう動かすことができるのかを知ることは、体の使い方を考えるときの基礎となるだけではなく、けがを予防することにもつながります。少し遠回りだと感じるかもしれませんが、ぜひ、がんばって読んでみてください。

第２章　運動ってなんだろう：次に、運動をするときに働く力のことや、動きを覚える脳のしくみ、大きな力を出す方法などについて学びます。

第３章　運動がうまくなるためのドリル：ここから、いよいよ「さか上がり」「走る」「二重とび」「とびばこ」「投げる」「打つ」「ける」といった運動についての「ドリル」を紹介します。

第４章　気をつけて！スポーツ障害：最後は、運動時に注意してほしいスポーツ障害について学びます。

この本で紹介するドリルを練習することによって、「今の自分」よりも、確実に上達することが可能です。

　運動は、単に筋肉や心臓の機能を高めたり、健康を保ったりするためだけのものではありません。ドリルなどによって身につけた動きは「脳の回路」に刻まれるため、運動をすることで、脳の働きも活発になります。また、習得した動作は、大人になっても忘れることはほとんどありません。そして、さまざまな動きは脳の中で関連づけられるので、多くの動きを身につければ身につけるほど、新しい動きを始めるときに、すぐに上達できるようになります。つまり、子どものうちから多くの運動を経験しておくことは、一生の宝物になるのです。

　この本を読んで、ぜひ、効果的な練習方法とスポーツを楽しむ習慣を身につけてほしいと思います。

目次

この本を読むみなさんへ　　2

ある日の体育で……　　7

第1章　体が動くしくみを知ろう　　11

1. 骨（ほね）　　12
2. 関節　　18
3. 筋肉（きんにく）　　24

第2章　運動ってなんだろう　　31

1. 運動とは　　32
2. 動きを覚えるには　　38
3. 生まれつきの「運動オンチ」はいない？　　42

第3章　運動がうまくなるためのドリル　　　51

1　基本のドリル ——————————— 52

2　さか上がりをするためのドリル ————— 56

3　速く走るためのドリル ————————— 60

4　二重とびがうまくなるためのドリル ——— 66

5　とびばこをとぶためのドリル ————— 70

6　うまく投げるためのドリル ————— 74

7　うまく打つためのドリル ————————— 78

8　うまくけるためのドリル ——————— 82

第4章　気をつけて！ スポーツ障害　　87

- 1　成長期の体とスポーツ障害 ———— 88
- 2　スポーツ障害の早期発見 ———— 90

あとがき　〜保護者の方へ〜　　92
さくいん　　94

ある日の体育で……

第1章
体が動くしくみを知ろう

ふだん、わたしたちはなにげなく体を動かしていますが、体が動くのは、骨や関節、筋肉などの働きによるものです。この章では、そんな体を動かすしくみについて学びます。

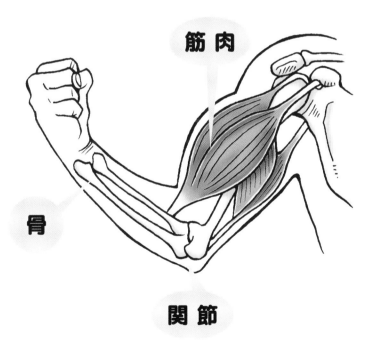

1 骨

骨

体を動かすのは骨・関節・筋肉

わたしたちの体には、骨・関節・筋肉などがあり、それらは、たがいに働き合って体を動かしています。

体をうまく動かせるようになるために、まず体のつくりについて学びましょう。

はじめは、骨です。

全身の主な骨

- 頭蓋骨（ずがいこつ）
- 肩甲骨（けんこうこつ）
- 鎖骨（さこつ）
- 上腕骨（じょうわんこつ）
- 胸骨（きょうこつ）
- 肋骨（ろっこつ）
- とう骨
- 尺骨（しゃっこつ）
- 仙骨（せんこつ）
- 脊柱（せきちゅう）
- 腸骨
- 恥骨（ちこつ）
- 坐骨（ざこつ）
- 尾骨（びこつ）
- 手骨
- 大腿骨（だいたいこつ）
- 膝蓋骨（しつがいこつ）
- ひ骨
- けい骨
- 足骨

人間の体には、全部で約200の骨があります。皮ふの上からさわったとき、かたく感じるのが骨です。骨は、その役割によって大きさや形がちがいます。

背中の骨

後ろ　横

- けい椎（ついつい）
- 胸椎（きょうつい）
- 腰椎（ようつい）
- （前）

大切な骨の役割

① 体を支える

骨は、わたしたちの体の枠組みをつくり、支えています。もしわたしたちの体にかたい骨がなければ、姿勢を保つことができず、イカやタコのようにぐにゃぐにゃになってしまいます。

立ったり座ったりするだけではなく、歩いたり走ったり、運動をしたりするときにも、骨は体を支えています。

② 脳や内臓を守る

脳は、人間の司令塔です。脳がなければ、人は考えることも体を動かすこともできません。しかし、脳はとてもやわらかく傷つきやすいため、頭蓋骨という骨がヘルメットのようにまわりをおおって守っています。

また、心臓や肺などの臓器も、肋骨などの骨によって守られています。

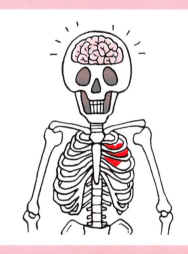

③ 力を伝える

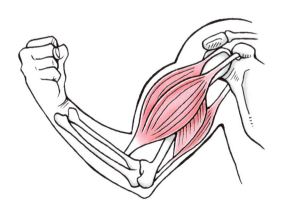

人間は、脳の指令によって筋肉（p.24参照）を縮めたり伸ばしたりして動かし、その動きを骨などへ伝えることで、関節（p.18参照）の部分から体を動かしています。だから、どんなに強い筋肉があっても、骨や関節がなければ、体を動かすことはできません。反対に、骨や関節だけでも、体を動かすことはできません。それらは、たがいに働き合っているのです。

骨はどんなつくりになっているのかな？

骨には、形のちがいによって、長骨*・短骨・扁平骨などの種類がありますが、ここでは、長骨と呼ばれる骨のつくりを見てみましょう。

*長骨：二の腕の骨（上腕骨）や太ももの骨（大腿骨）のような、両はしが太くなった長い形の骨。

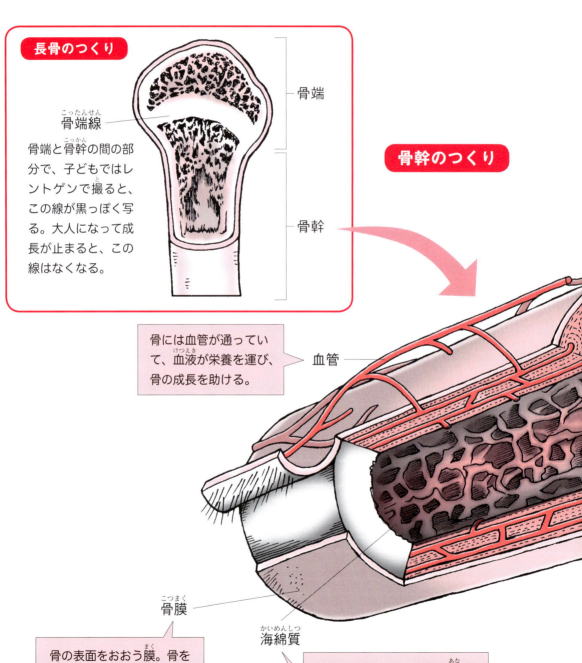

長骨のつくり

骨端線
骨端と骨幹の間の部分で、子どもではレントゲンで撮ると、この線が黒っぽく写る。大人になって成長が止まると、この線はなくなる。

骨端

骨幹

骨幹のつくり

骨には血管が通っていて、血液が栄養を運び、骨の成長を助ける。

血管

骨膜
骨の表面をおおう膜。骨をつくるための細胞*がふくまれている。
*細胞：生きものの体をつくる、もっとも小さな単位。

海綿質
骨の内側で多くの小さな穴があいているスポンジ状の部分。穴があることで、骨が重くなりすぎない。

第1章 体が動くしくみを知ろう

骨はかたいので、石のようなものでできていると思うかもしれません。しかし、もしも骨が石のようであれば、重くて、体を動かすのは大変でしょう。

骨は、主にカルシウムと、コラーゲンというたんぱく質、水分などでできています。中にはたくさんの穴があいていて弾力性もあるので、軽く、かんたんには折れません。また、骨は、血液をつくる場所でもあります。

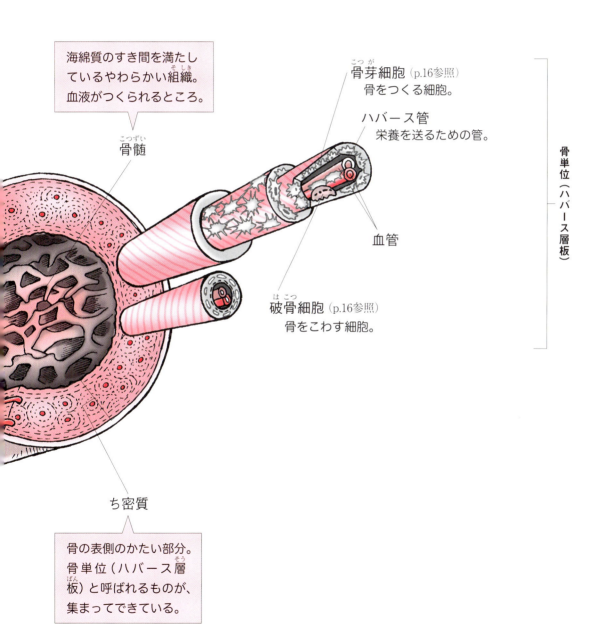

海綿質のすき間を満たしているやわらかい組織。血液がつくられるところ。
骨髄（こつずい）

骨芽細胞（こつがさいぼう）（p.16参照）
骨をつくる細胞。

ハバース管
栄養を送るための管。

血管

破骨細胞（はこつさいぼう）（p.16参照）
骨をこわす細胞。

骨単位（ハバース層板）

ち密質
骨の表側のかたい部分。骨単位（ハバース層板（そうばん））と呼ばれるものが、集まってできている。

骨も成長しているの？

　骨は、かたくてまったく変化がないように見えますが、髪の毛や爪と同じように、毎日少しずつ生まれ変わり、成長しています。子どものうちは、骨が伸びることで身長も伸びます。一方、もう背が伸びなくなった大人でも、骨は毎日生まれ変わっています。

　骨には、カルシウムをたくわえる性質があり、体にカルシウムが不足したときには、骨からカルシウムが送り出されます。反対にカルシウムが余ると、骨にたくわえられます。このように、つねにカルシウムの出し入れなどをすることで、骨は毎日新しくなっているのです。

　では、骨はどのようにしてつくり直され、成長しているのでしょうか。

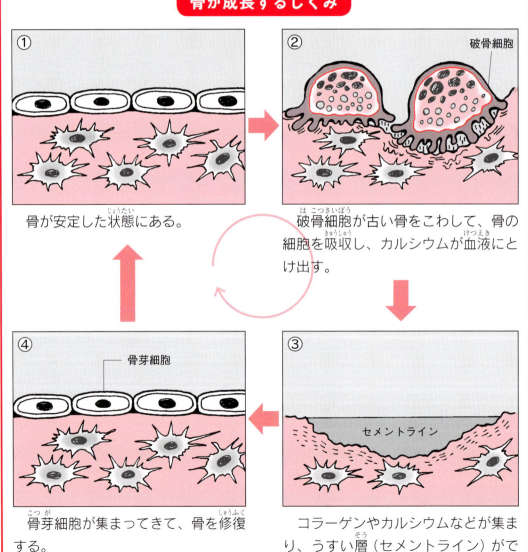

骨が成長するしくみ

① 骨が安定した状態にある。

② 破骨細胞が古い骨をこわして、骨の細胞を吸収し、カルシウムが血液にとけ出す。

③ コラーゲンやカルシウムなどが集まり、うすい層（セメントライン）ができる。

④ 骨芽細胞が集まってきて、骨を修復する。

　①～④をくり返す。

骨の成長に必要なのは栄養と刺激！

　じょうぶな骨を育てるためには、骨のもとになるカルシウムやたんぱく質のほか、ビタミン類などをバランスよくとることが大切です。体内のカルシウムのほとんどは骨にたくわえられていますが、カルシウムが体に不足すると、骨をとかして補おうとします。そのため、カルシウムが足りない状態が続くと、骨がもろくなってしまうのです。また、ビタミンDはカルシウムを吸収しやすくし、ビタミンKはカルシウムが骨にくっつくのを助ける働きがあります。

　また骨の成長には、栄養だけではなく、適度な運動も大切です。運動などによって骨に刺激をあたえることで、骨が強くなることがわかっています。

　ただし、成長期に激しすぎる運動やトレーニングをしすぎると、骨端線を傷めてしまい、かえって成長を妨げてしまうので、注意しましょう。

第1章　体が動くしくみを知ろう

なわとびのような運動は、骨によい刺激をあたえます。

もっと知りたい?!

骨の伸び方

　子どものうちにある骨端線は、軟骨というやわらかい骨でできています。この部分にカルシウムがたまり、かたい骨に変わることで、骨が伸びていきます。骨端線は、成長が止まると、（レントゲンで見たときに）うすくなって見えなくなります。

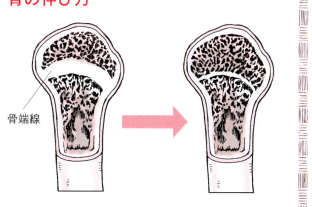

関節

骨と骨をつなぐ関節

　骨と骨が組み合わさっている部分を、関節といいます。骨は、関節でつながり、全身の骨格をつくっています。

　関節には、まったく動かない関節、ほとんど動かない関節、曲がったり回ったりする関節があります。

　曲げることなどができる関節のことを、可動関節といい、ふつう「関節」というときは、この可動関節のことを指します。可動関節は、体のさまざまな部分にあり、体の動きをつくり出しています。

関節のつくり

　関節の部分の骨は、かたい骨と骨がぶつかり合って傷つくのを防ぐために、関節軟骨というやわらかくて弾力性のある骨がおおっています。それらを、関節包という膜がつつんでいて、関節包の内側は、骨と骨がなめらかに動くのを助けるために滑液という液体で満たされています。そして、骨どうしは靭帯という強い組織でつながれています。

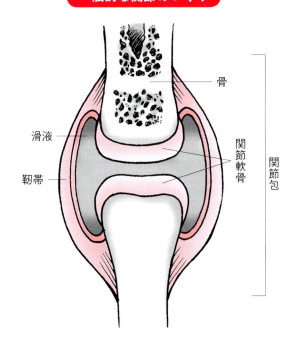

一般的な関節のつくり

- 18 -

関節が外れないわけ

1つの関節は、いくつもの靭帯でつながれています。靭帯は、主にコラーゲンというたんぱく質でできていて、とてもかたくて強く、伸びにくい性質があります。このため、かんたんに骨と骨がずれたり、間ちがった方向に曲がったりすることはありません。

たとえばひざには、前十字靭帯と後十字靭帯という靭帯があり、しっかりとつながれています。

また、ひざの外側と内側に、円板を半分ずつにしたような形の関節円板（半月板）というものがあり、関節への衝撃をやわらげるクッションの働きをしていることも、骨と骨がずれにくい理由の一つです。

さらに、関節部分の骨の多くは、一方が出っ張った形（関節頭という）で、もう一方がへこんだ形（関節窩という）をしています。無理な方向や角度に動かすなどをしなければ、関節が外れることはありません。

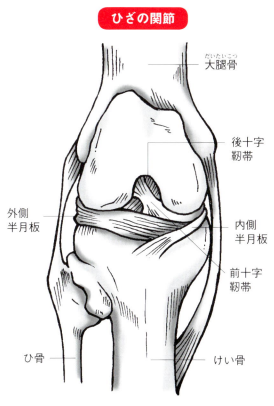

ひざの関節

大腿骨
後十字靭帯
外側半月板
内側半月板
前十字靭帯
ひ骨
けい骨

（右ひざを前から見たところ）

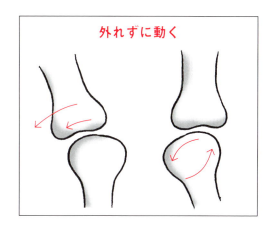

外れずに動く

体は関節の部分で動きます。

関節の種類はいろいろ

体は、関節で動きますが、場所によってその動き方はちがいます。たとえば、指の関節は一方向に曲げることしかできませんが、肩の関節はぐるぐると回すことができます。

関節にはさまざまな種類があり、その形によって、どのように動かせるのかがちがいます。

球関節〔肩など〕

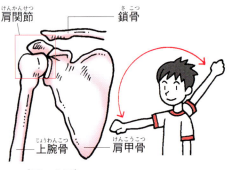

（例：右肩）

おわんにボールを入れたように、球状をした関節頭がもう一方の関節窩にはまった形をしています。前後左右に動かしたり、回したり、ねじったりすることもできます。

ちょうつがい関節〔ひじなど〕

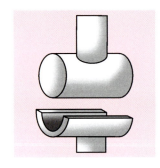
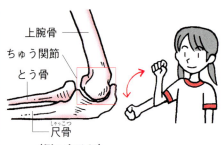

（例：右ひじ）

ドアのちょうつがいのような形をしている関節で、ひじのほか、ひざや指の関節もちょうつがい関節です。一つの方向に曲がったり伸びたりします。

車じく関節〔首など〕

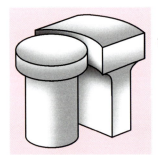
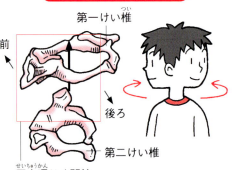

車のタイヤを回す、車じくのような形をした関節です。じくを中心に回るように動きます。この関節のおかげで、首は左右に180度近く動かすことができるのです。

第1章 体が動くしくみを知ろう

臼状関節〔股間など〕

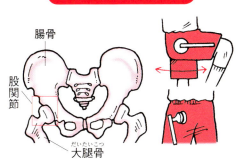

球状をした関節頭がもう一方の関節窩にはまった形をしていて、球関節によく似ていますが、臼状関節の方が、へこみが深くなっています。肩と同じように、あらゆる方向に動かすことができます。

だ円関節〔手首など〕

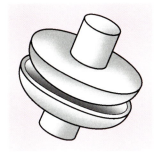
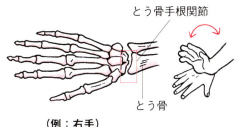

ラグビーボールのようなだ円形の関節頭が、だ円形の関節窩にはまっています。前後左右に動かすことができ、だ円にそって回すこともできますが、ねじることはできません。

平面関節〔親指以外の指など〕

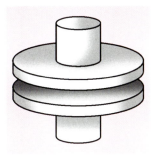
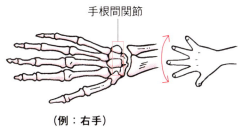

両方の骨が平らな形をした関節です。さまざまな方向にすべるように動きますが、あまり大きく動かすことはできません。親指以外の手の指の付け根のほか、足の甲の関節なども平面関節です。

鞍関節〔親指など〕

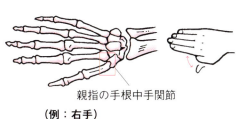

関節の骨が、それぞれ馬に乗せる鞍のような形をしている関節です。球関節や臼状関節ほどではありませんが、かなり自由に動かすことができます。

- 21 -

関節による動きのちがい

　前のページで見たように、関節は、形によって動かせる範囲や動く方向に限りがあります。そのため、この限度を超えて動かしたり、無理な方向へ動かしたりすることは、関節を傷めたり、けがをしたりすることにつながります。

　ここでは、主な関節について、動き方の例を見ていきましょう。

屈曲と伸展

　関節を折り曲げる動きを「屈曲」、まっすぐに伸ばす動きを「伸展」といいます。ここでは、指の関節と、股関節を例に見てみましょう。

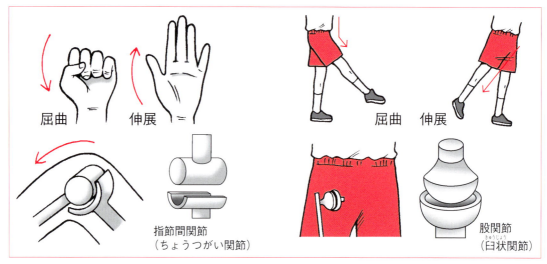

内転と外転

　手足や指などを、体幹（頭と手足を除いた、胴体部分のこと）に向かって近づける動きを「内転」、遠ざける動きを「外転」といいます。

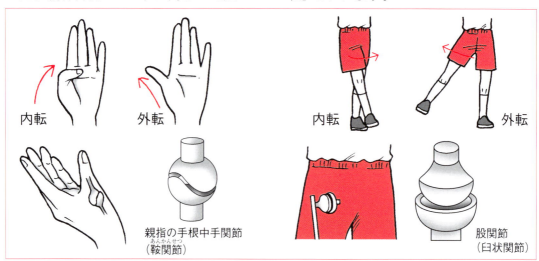

内旋と外旋

長骨をじくにして内側にねじる動きを「内旋」、外側にねじる動きを「外旋」といいます。肩の関節と股関節で見てみましょう。

肩関節（球関節）　　股関節（臼状関節）

回内と回外

手のひらを下に向ける動きを「回内」、上に向ける動きを「回外」といいます。この動きは、手首ではなく、ひじにある関節によってつくり出されています。

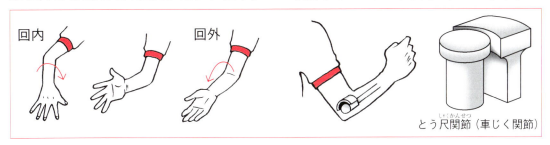

とう尺関節（車じく関節）

もっと知りたい?!

いろいろな動きを可能にするひじの関節

ひじの関節について、20ページには「ちょうつがい関節」とあり、上の項目には「車じく関節」とあります。どちらが正しいのでしょうか？

どちらも間ちがいではありません。

前腕（ひじより下の部分）には、手のひらを上に向けたとき、小指側に尺骨、親指側にとう骨という2つの骨があります（p.12参照）。上腕骨と尺骨はちょうつがい関節でつながり（ちゅう関節という）、とう骨と尺骨は車じく関節でつながっています（とう尺関節という）。そのため、ひじを折り曲げる動き（ちゅう関節による）だけでなく、前腕を回す動き（とう尺関節による）もできるのです。

第1章　体が動くしくみを知ろう

3 筋肉

体を動かす筋肉

「筋肉」というと、二の腕の力こぶなどを思いうかべる人は多いかもしれません。それらは、体を動かすために欠かせない筋肉で、「骨格筋」といいます。骨格筋の両はしは、じょうぶな腱になっていて、しっかりと骨にくっついています。骨格筋は、意識して動かすことができるため「随意＊筋」とも呼ばれます。

＊随意：自分が思うままに動かせること。

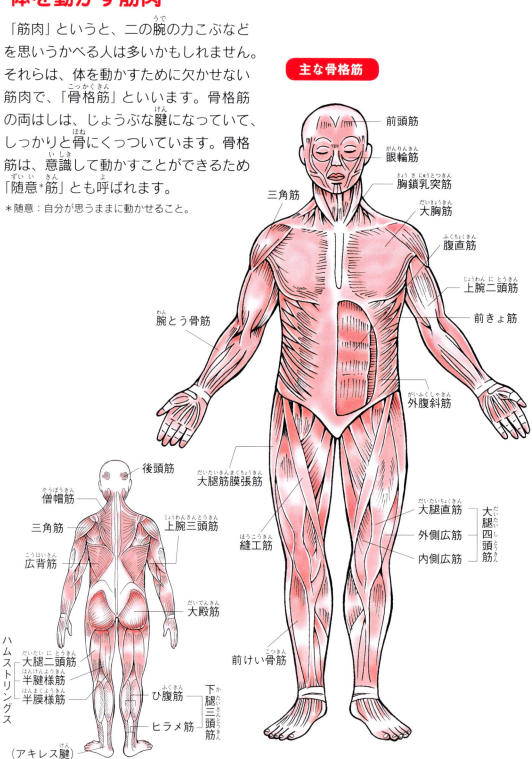

主な骨格筋

前頭筋／眼輪筋／胸鎖乳突筋／大胸筋／腹直筋／上腕二頭筋／前きょ筋／外腹斜筋／大腿筋膜張筋／大腿直筋／外側広筋／内側広筋／大腿四頭筋／縫工筋／前けい骨筋

後頭筋／僧帽筋／三角筋／上腕三頭筋／広背筋／大殿筋／大腿二頭筋／半腱様筋／半膜様筋／ハムストリングス／ひ腹筋／ヒラメ筋／下腿三頭筋／（アキレス腱）

三角筋／腕とう骨筋

筋肉が体を動かすしくみ

　わたしたちは、骨格筋を動かすことで、その筋肉がくっついている骨を動かし、体を動かしています。

　多くの筋肉は、２つ以上の骨にまたがってついていて、間にある関節の種類によって、いろいろな方向へ動きます。

腕を曲げるときの筋肉の動き

　腕の曲げ伸ばしには、主に二の腕の筋肉が使われます。

　伸ばしているときには、腕の表側にある上腕二頭筋が伸び、裏側にある上腕三頭筋が縮んでいます。

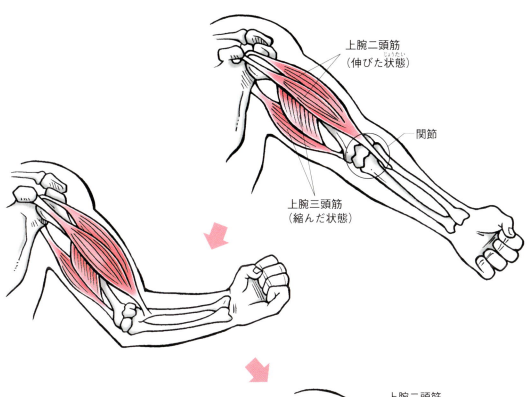

　反対に、上腕二頭筋を縮めると、腱でつながった前腕の骨が持ち上がり、ひじの関節で曲がります。このとき、上腕三頭筋は、逆に伸びた状態となります。

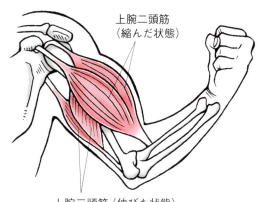

筋肉

筋肉はどんなつくりになっているのかな？

二の腕を皮ふの上からさわってみると、弾力がある肉のかたまりのようなものがあります。これが筋肉です。
次は、筋肉のつくりを見てみましょう。

骨格筋のつくり

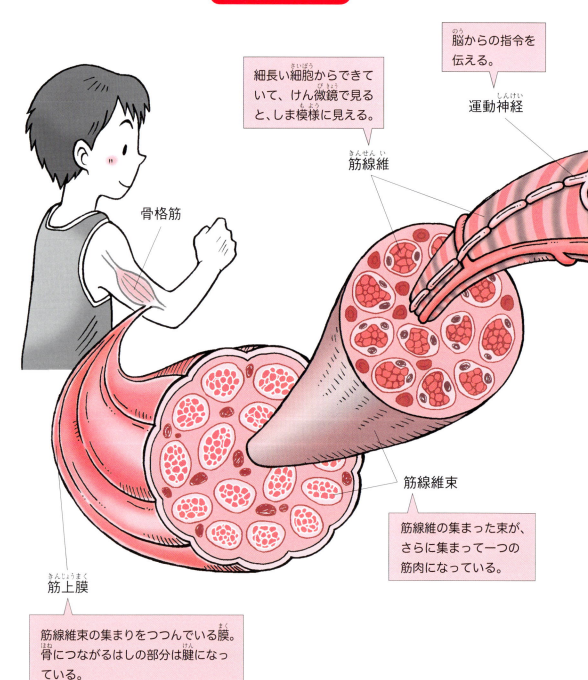

骨格筋

細長い細胞からできていて、けん微鏡で見ると、しま模様に見える。
筋線維

脳からの指令を伝える。
運動神経

筋線維束

筋線維の集まった束が、さらに集まって一つの筋肉になっている。

筋上膜
筋線維束の集まりをつつんでいる膜。骨につながるはしの部分は腱になっている。

第1章 体が動くしくみを知ろう

　筋肉は、図のように、細い線維状の筋原線維の集まり（「筋線維」といいます）が、さらに束（「筋線維束」といいます）になり、筋上膜という膜でつつまれています。

　筋原線維が、脳からの指令によって伸びたり縮んだりすることで全体が伸び縮みし、つながっている骨を動かします。

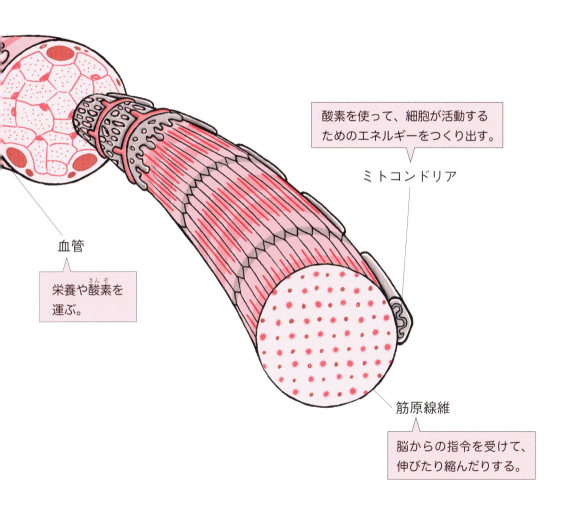

血管
栄養や酸素を運ぶ。

酸素を使って、細胞が活動するためのエネルギーをつくり出す。
ミトコンドリア

筋原線維
脳からの指令を受けて、伸びたり縮んだりする。

筋
肉

マグロは短距離走が苦手？

骨格筋は、細い筋線維が集まってできていることを見てきましたが、筋線維は、大きく2つの種類に分けられます。一つは、縮む速度は遅いのですが疲れにくい「遅筋線維」、もう一つは、縮む速度は速いのですが疲れやすい「速筋線維」です（速筋線維は、さらに2種類に分けることもできます）。

特徴＼種類	遅筋線維	速筋線維	
		a	b
縮む速度	遅い	やや速い	速い
疲れにくさ	疲れにくい	やや疲れやすい	疲れやすい
それぞれの筋肉が多い魚	マグロ	ヒラメ	
向いているとされる運動	長距離走など、長く力を保ち続けること（持久力）が必要な運動に向いている。	短距離走など、瞬時に力を出すこと（瞬発力）が必要な運動に向いている。	

人の遅筋線維と速筋線維の割合は、ふつう、約半分ずつです。しかし、中には遅筋線維を多めに持つ人や、速筋線維が多めの人もいて、それぞれ長距離走や短距離走に向いているとされています。

-28-

筋肉の形のちがい

　筋肉には、さまざまな形をしたものがあり、それぞれに力の働き方や向きがちがいます。筋線維が糸巻きのような形（紡錘状）をした筋肉は、筋線維が長いので速く動かすことができますが、大きな力を出すことは苦手です。

　反対に鳥の羽根のような形（羽状）をしている筋肉は、せまい部分に筋線維が多く集まっているため、大きな力を出すことができます。

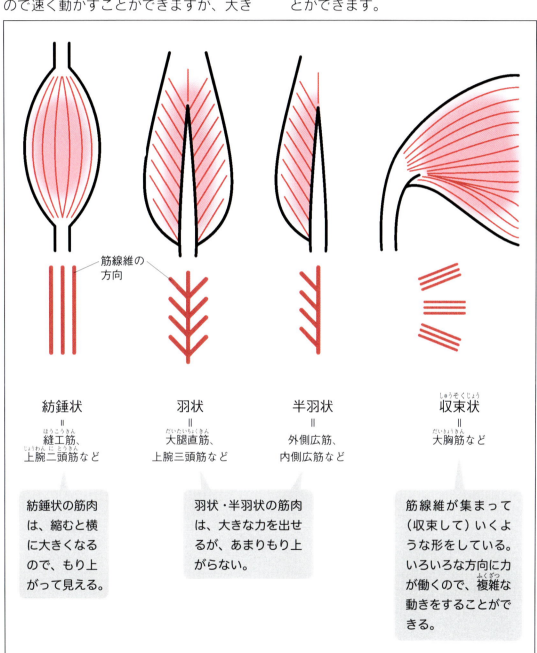

筋肉

筋肉をつけるには

　トレーニングをすると、筋線維には小さな傷がつき、一時的に筋肉の量が減ります。しかし、その後一定の休みをとり栄養をあたえると、傷が修復され、そのときに筋線維が太くなるのです。

　筋肉が修復されるまでには、1〜3日ほどかかるため、トレーニングは毎日行うよりも、休みを取りながら行う方が効果的です。

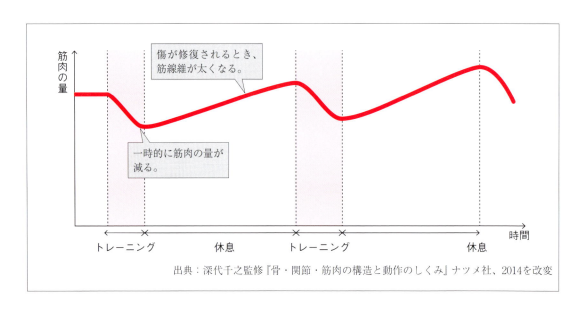

出典：深代千之監修『骨・関節・筋肉の構造と動作のしくみ』ナツメ社、2014を改変

年齢とトレーニング

　成長途中の体は、骨に骨端線があり、筋肉もまだ発達していません。そのため、重いバーベルなどを使った運動や、激しすぎるトレーニングをすると、骨端線をつぶしてしまったり、筋肉を傷めてしまったりすることがあります。

　成長期には、激しすぎるトレーニングは避け、適度なトレーニングを週に2、3回行ったり、第3章で紹介するドリルを中心に練習したりするとよいでしょう。

第2章
運動ってなんだろう

第1章で学んだ骨や関節、筋肉などのしくみを、より上手に働かせるには、どうしたらよいのでしょうか？ この章では、運動の司令塔である脳のことや、練習のポイントを学びます。

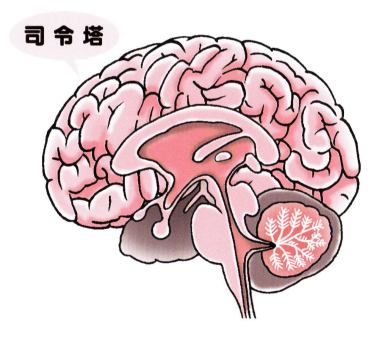

1 運動とは

運動するときに働く力

「運動」とは、ものが位置を変えて動くことをいいます。体（のいろいろな部分）を動かすのも、下の図で、はこをアの位置からイの位置へと動かすのも「運動」です。

このとき、ものには力が働いていますが、その力の大きさは、質量[*1]や加速度[*2]によって、変わります。

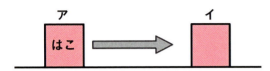

[*1] 質量：ものそのものの量のこと。
[*2] 加速度：一定の時間内での速さの変化のこと。たとえば、同じ高さから2個のボールを落とすと、大きさがちがっても落ちる速度は同じで、1秒ごとに秒速9.8メートルずつ速くなっていく（空気抵抗がないとき）。

ものを支えるときに働く力

ものを支えるときにも、力は働いています。質量があるものは、地球上では重力によって地球に引っ張られています。ものを持ったときに感じる「重さ」（重量）とは、この、引っ張られる力のことで、質量1キログラムのものに働く重力の大きさを「1キログラム重」といいます。

下の図で、バーベルを支えているときの力の大きさは、地球がバーベルを引っ張る重力の大きさと同じになっています。

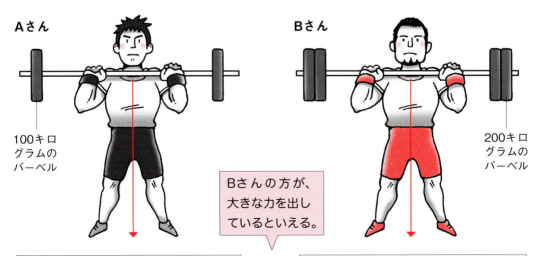

Aさん
100キログラムのバーベル
バーベルが重力で地球に引っ張られる力（100キログラム重）＝Aさんがバーベルを支える力

Bさんの方が、大きな力を出しているといえる。

Bさん
200キログラムのバーベル
バーベルが重力で地球に引っ張られる力（200キログラム重）＝Bさんがバーベルを支える力

体に働く力

すもうやレスリングなどで組み合ったとき、選手どうしはたがいに押し合っているのに、まったく動かなくなることがあります。このようなときは、どんな力が働いているのでしょうか。

実は選手には、「相手から受ける運動の力」と「重力」、そして「地面反力」という力が働いています。選手同士のこの３つの力の大きさがつり合っていると、見た目にはまるで動いていないように見えるのです。

相手から受ける運動の力
相手が押してくる力（相手の運動の力）

重力
地球に引っ張られる力（重量＝体重）

地面反力
地面を押したときに、地面から押し返される力。力の大きさは、地面を押す力と同じとなる。

第2章 運動ってなんだろう

もっと知りたい?!

なにもしなくても、筋肉は運動している

　32ページで、ものや体が動くことを「運動という」と述べました。では、わたしたちが横になって寝ているようなときには、体は運動していないのでしょうか。

　実は、そのようなときでも、筋肉は運動しています。たとえば、心臓や胃などの臓器も筋肉でできています。これらの筋肉は、自分で動かすことはできませんが、心臓はつねに動いています（鼓動）し、横隔膜という胸の下の筋肉が肺を押し上げたり下げたりすることで、呼吸ができているのです。これらの筋肉を「不随意筋」といいます。

　そして、筋肉が運動するときにはエネルギーが使われます。このように、じっとしていても使われるエネルギーを、「基礎代謝」＊といいます。

　基礎代謝として使われるエネルギーの量は、性別や年齢、体重などによってもちがいますが、筋肉の量が多い人の方が多くのエネルギーを使うとされています。

＊基礎代謝には、筋肉以外で使われるエネルギーもふくまれます。

運動とは

基礎代謝としてエネルギーが使われている体の主な部分

- 脳
- 心臓（鼓動）
- 横隔膜（呼吸）
- 消化器〔胃・小腸・大腸など〕
- 肝臓
- 腎臓
- 骨格筋（体温維持など）

筋肉は働き者

体を動かさずに、座っていたり立っていたりしているだけでも、わたしたちは自然に全身の筋肉を少しだけ使っています。もし、筋肉が働いていなければ、体は重力によって地面に引っ張られ、たおれてしまいます（直立しているときは、前へたおれます）。

ためしに体の力をぬくと立っていることができなくなることからも、筋肉が使われていることがわかるでしょう。

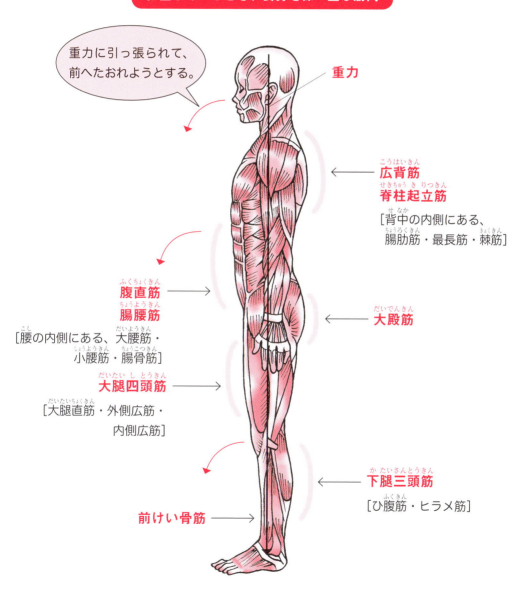

直立しているとき、姿勢を保つ主な筋肉

重力に引っ張られて、前へたおれようとする。

重力

広背筋
脊柱起立筋
［背中の内側にある、腸肋筋・最長筋・棘筋］

腹直筋
腸腰筋
［腰の内側にある、大腰筋・小腰筋・腸骨筋］

大殿筋

大腿四頭筋
［大腿直筋・外側広筋・内側広筋］

下腿三頭筋
［ひ腹筋・ヒラメ筋］

前けい骨筋

第2章 運動ってなんだろう

体は脳が動かしている

ここからは、実際に手足などを動かす運動について見ていきましょう。

運動には、歩いたりボールを投げたりするような運動（「随意運動」といいます）と、熱いものにふれたときに、とっさに手を引くような運動（「反射」といいます）があります。

随意運動は、脳が出す指令が、運動神経を伝って筋肉に届き、筋肉が収縮することで起こります。

随意運動の指令の伝わり方

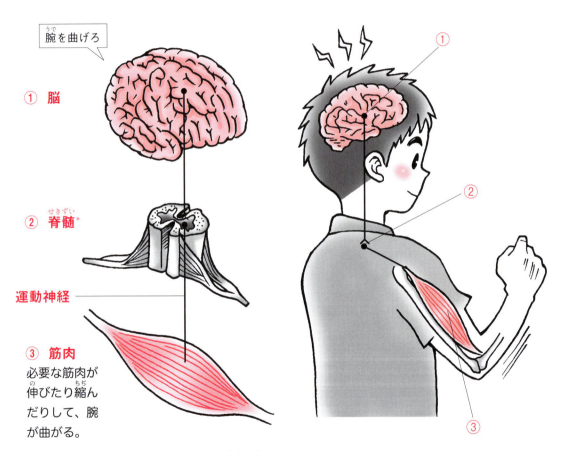

① 脳

② 脊髄*

運動神経

③ 筋肉
必要な筋肉が伸びたり縮んだりして、腕が曲がる。

＊脊髄：背骨の中にある器官。脳の指令を体の各部へ伝える。

脳のつくり

随意運動の指令を出す脳は、どのようなつくりになっているのでしょうか。

脳は、大きく大脳・小脳・脳幹に分かれ、大脳はさらに前頭葉・頭頂葉・側頭葉・後頭葉という4つの部分に分けられます。

脳は、場所によってどのような働きをするのかが決まっており、運動の指令は、前頭葉の「運動野」と呼ばれる部分が担っています。

また、無意識に体のバランスを保つ運動は、小脳が担当しています。

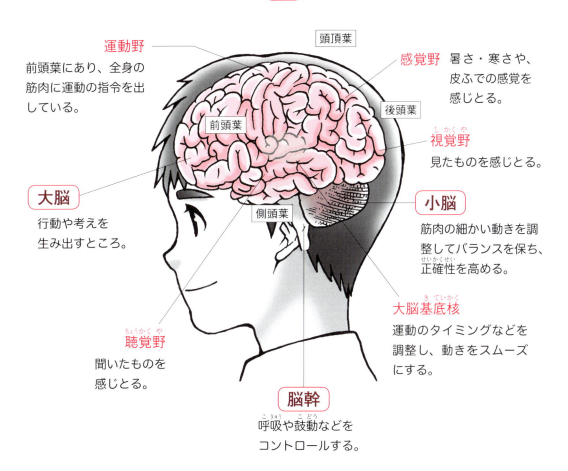

脳

運動野
前頭葉にあり、全身の筋肉に運動の指令を出している。

感覚野 暑さ・寒さや、皮ふでの感覚を感じとる。

視覚野
見たものを感じとる。

大脳
行動や考えを生み出すところ。

小脳
筋肉の細かい動きを調整してバランスを保ち、正確性を高める。

大脳基底核
運動のタイミングなどを調整し、動きをスムーズにする。

聴覚野
聞いたものを感じとる。

脳幹
呼吸や鼓動などをコントロールする。

2 動きを覚えるには

ものを覚えるしくみ

　脳には、ものを覚える「記憶」という大切な役割もあります。もし、体験したことや学校で勉強したことなどを記憶することができなければ、わたしたちは何度も同じ失敗をくり返したり、危険な目にあったりするでしょう。

　記憶は、大きく、短期記憶と長期記憶とに分けることができます。

すぐに忘れる「短期記憶」

　数十秒から数日ぐらいで忘れてしまう記憶のことです。たとえば、電話をかけるときにその場で番号を覚えたり、暗算をしたりするようなときの記憶です。

① だれかの話を聞いています。

② メモを取るまでの間は、言われたことを覚えています。

③ しばらくすると、忘れてしまいます。このようなものも、「短期記憶」です。

もっと知りたい？！

ニューロンとシナプス

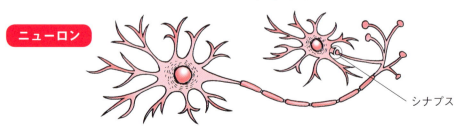

ニューロン / シナプス

　脳の神経は、突起を持ったニューロンという細胞が集まってできています。ものを覚えるとき、ニューロンは、シナプスという部分でほかのニューロンと信号を伝え合います。こうしたつながりによって、記憶したことを思い出したり、情報どうしをつなぎ合わせて判断したりしているとされています。

ずっと忘れない「長期記憶」

一方、数年から数十年の間覚えていられるものが、「長期記憶」です。中には、一生の間忘れないものもあります。一般的に「記憶」というときは、この長期記憶を指します。

長期記憶は、その覚え方によって、次のように分けられます。

① 学んで「覚える」

地名や言葉の意味、数式など、知識や情報として覚えるものです。これらは、「覚えよう」と意識しながら、何度も復習することで長期の記憶となるもので、「意味記憶」と呼ばれることもあります。

② 体験して「覚える」

家族旅行や運動会の思い出など、実際に体験して覚える記憶です。とくに「覚えよう」と意識していなくても、忘れにくい記憶となります。「エピソード記憶」と呼ばれることもあります。

③ 体で「覚える」

スポーツなどの動きをくり返し練習して、体を使って覚える記憶のことです。「手続き記憶」や「手順記憶」などと呼ばれ、一度覚えると、忘れることはほとんどありません。

第2章 運動ってなんだろう

動きを覚えるには

運動の記憶の仕方

　長期記憶の中でも、体で覚える記憶は、とくにスポーツや運動に深く関わっています。たとえば、実際に体を使って練習し、自転車に乗れるようになることも、乗り方を「体で覚えた」記憶です。

　このようにして身につけた記憶は、たとえ何年間もその動きをしない期間があっても、忘れることはほとんどありません。一度自転車に乗れれば一生乗れるのは、そのためです。

体で動作を覚えるしくみ

動作を何度もくり返すことで、いろいろな動きのパターンが脳にたくわえられます。そして、必要なときに、もっとも適した動きを取り出せるようになります。

第2章 運動ってなんだろう

すぐにできるようになることもあれば、何度も失敗をくり返したあとで、やっとできるようになることもあります。

できるようになる瞬間は、あるとき、突然やってきます。いつやってくるかは人それぞれなので、友だちの方が先にできるようになっても、あせる必要はありません。自分のペースで、できるようになるまでがんばって練習しましょう。

成　功　！

失　敗

失敗した理由を見つけて、べつのやり方を考えます。

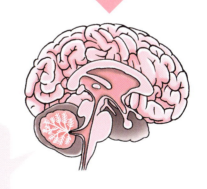

　動作が成功したかどうかの情報は、そのたびに小脳にもどされますが、小脳は、失敗したときの信号を伝わりにくくし、成功したときのやり方を記憶します。そのため、「できるようになるまで」練習することが大切なのです。

- 41 -

生まれつきの「運動オンチ」はいない？

3 生まれつきの「運動オンチ」はいない？

「ぼくは生まれつき運動オンチだから」「わたしの運動オンチは、お父さんに似たから仕方がない」などと考えている人はいませんか？ 運動ができるかできないかは、生まれつきのものではありません。運動が苦手な人は、「体をうまく使う方法を練習したことがなくて、知らないだけ」なのです。

できるまで練習したかどうか

　40ページにもあるように、練習をくり返して一度自転車に乗れるようになれば、一生乗れます。「自転車に乗れない」という人は、「乗れるようになるまで練習したことがない」ということなのです。

　ほかの動きについても同じです。いろいろなやり方をためしながら、それができるようになるまで練習し、定着させることが大切なのです。

　もし、一度もボールを投げた経験がなければ、どんな人でもうまく投げることはできません。右利きの人が、左手で投げたときにうまく投げられないのは、そのためです。

はじめは、ぎこちなくても……

-42-

子どものうちは、いろいろな動きをやってみることが大切

運動がうまくなるためには、子どものうちに、できるだけ多くの動作のパターンを記憶しておくことも大切です。

サッカーやバスケットボールなどのスポーツだけではなく、鉄棒やなわとび、うんていなど、全身を使った動作をたくさん経験しておきましょう。すると、神経のシナプスにどんどん信号が伝わり、「うまくできるための回路」が、いくつもできていきます。そうすると、新しいことを始めるときにも、早く上達できるようになります。

第2章　運動ってなんだろう

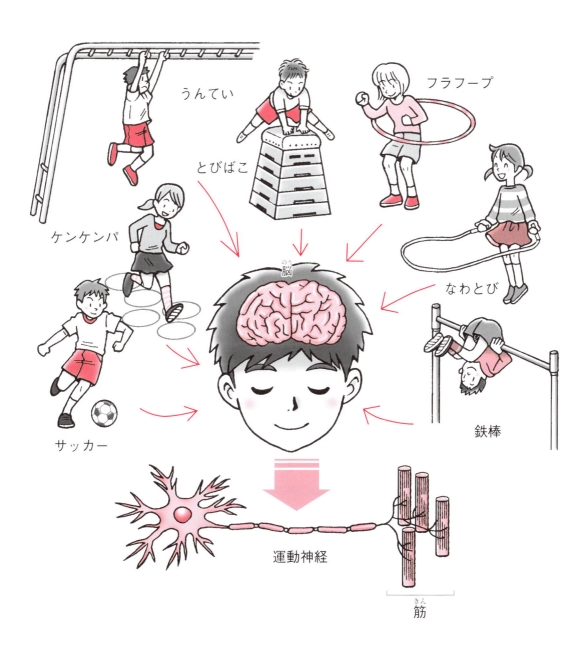

生まれつきの「運動オンチ」はいない？

大きな力を効果的に出す方法は3つ!!

ここまでは、できるようになるまでくり返し練習することの大切さについて述べてきました。ここからは、さらに練習の効果を上げるための方法を紹介します。

まずは、大きな力を効果的に出す方法です。

練習をしたり、実際に運動をしたりするときに、これから紹介するポイントを意識してみてください。何気なく行うよりも、ずっと大きな力が発揮できるでしょう。

① 反動を利用する

「反動」とは、動作を行うときに、いったん反対の向きに動いて、ためたエネルギーを使うことです。

もっともわかりやすいのは、ジャンプのときでしょう。上に高くとびたいとき、いったん下にかがんで反動をつけると、かがまないときよりも高くとぶことができます。

② 体をねじる

主に体幹の部分を反対の方向へねじってから、回転させることで、大きな力を出す方法です。

よくわかるのは、野球のバッティングやテニスでボールを打つ動作です。テニスでは、まず腰から上を後ろへ回して構えます。ボールのタイミングをはかりながら上半身はそのままで、腰を前へ回すと、上半身と腰がねじれた状態になります。そこから上半身を前へ回転させていくことで、より大きな力を楽に発揮することができます。

- 44 -

第2章 運動ってなんだろう

③ 手や足をムチのように動かす

　手や足を、ムチのようにしならせることで大きな力を出す方法です。

　人の体は、中心に近い部分ほど、大きな筋肉があります。これらの筋肉を動かして生まれたエネルギーを、手足の先の方へ向かって、ずらしながらスピードを上げていくことで、手足はムチのように動き、より大きな力が出ます。

　たとえばボールを投げるとき、体幹を後ろにねじってもどすと、肩を回すスピードが上がります。そのエネルギーを、さらにひじ、手首、指先へと伝えていくのです。手の先へ行くほど、ムチのようにスピードが上がり、手だけで投げるよりも、ボールはずっと遠くへ飛びます。

　運動がうまくなるためには、大きな力を出す方法を意識しながら、体を正しく使って、効率よく練習することが大切です。そのような練習方法を「ドリル」といいます。

　ドリルは、51ページから紹介します。

生まれつきの「運動オンチ」はいない？

上達するために知っておきたいこと

「練習」というと、ランニングをしたり、腹筋をしたりすることを思いうかべる人がいるかもしれません。これは、「トレーニング」といいます。トレーニングをすると、筋肉の力がアップしたり、持久力がついたりします。そういったトレーニングよりも、子どものうちは、自分の体をうまく動かす（コントロールする）方法を身につけることがとても重要です。

とくに小学生のうちは、体をうまく動かす能力やリズム感、バランス感覚などをつかさどる「神経系」（p.50参照）がもっとも発達する時期です。大人でもむずかしい動きを子どもがすぐに覚えてしまうことがあるのは、そのためなのです。ぜひこの時期に、できるだけ多くの動きを身につける練習をしてください。

トレーニングとドリルのちがい

筋力をアップし、持久力をつける「トレーニング」を続けることで体力がつき、同じ距離でも楽に走れるようになったり、長い距離を走れるようになったりします。一方、正しい動きを身につけ、体をうまく動かせるようになるための練習の一つを「ドリル」といいます。

子どものうちは、激しいトレーニングをしすぎないようにし（p.30参照）、ドリルを中心に練習するとよいでしょう。

トレーニング

ドリル

上達するためのポイントは7つ!!

ドリルを練習するときには、ただなんとなく行うのではなく、次のようなことに気をつけながら行うと、より効果が上がるとされています。

① くり返し練習しよう

一つめは、「くり返し練習すること」です。とくにはじめのうちは、できるようになるまで、失敗を修正しながらくり返し練習しましょう。そうすることで、記憶の回路が新しくでき、かつ強くなるので、しっかりと身につきます。

② 目標を決めて練習しよう

できるだけ具体的に「腕をムチのように使って投げたい」とか、「バドミントンのスマッシュで、回内を使いたい」などと、目標を決めて練習しましょう。目標があると、集中力が高まるので、練習の成果が出やすくなります。また、目標を達成したときに満足感を得られるので、モチベーションアップにもつながります。

このとき、「このスポーツをするためには、この技術が必要」というように、意味を知り、意識しながら練習をすることも大切です。

生まれつきの「運動オンチ」はいない？

③ 適度な休みをとろう（レミニッセンス）

何度練習してもうまくできないときに、「何日か休んでから練習を再開したら、できるようになった」ということがあります。これは、時間をおいたことで、脳の中で余計な情報が消えたり、記憶が整理されたりしたためと考えられています。これを「レミニッセンス効果」といいます。練習に行きづまりを感じたときは、思い切って休むことも大切です。

ただし、だらだらと練習して、だらだらと休むのでは、レミニッセンス効果は生まれません。休む前に、さまざまな方法をためしながら、集中的に練習しておくことが、この効果をもたらすためのポイントです。

④ うまくいったら、その動きをくり返しやってみよう（オーバーラーニング）

やろうとしていた動きがうまくできたときは、「できた！」と思ってすぐに練習をやめるのではなく、その動きを何度かくり返しましょう。

練習でどのような動きをしたかという情報は、そのたびに小脳へともどされますが、小脳は失敗したときの情報を伝わりにくくし、成功したやり方は記憶しようとします。成功した動きをくり返すことで、その記憶はよりしっかりと定着するのです。これを、オーバーラーニングといいます。

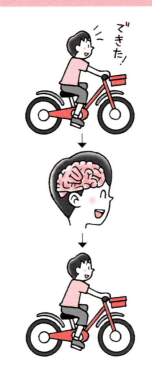

- 48 -

⑤ イメージ練習も大切

　プロの選手などが「イメージ練習（トレーニング）をしています」などと言うのを、耳にしたことはありませんか？イメージ練習とは、実際に体を動かしていないときに、頭の中でその動きをイメージすることです。

　上手な人の動きなどを参考に、自分が同じようにできているイメージをふくらませると、脳の中では、実際に練習しているときと同じような信号が伝わるそうです。そのため、失敗している場面ではなく、あくまでも成功している動きをイメージすることが大切です。

うまくできた自分をイメージする

⑥ うまくいった動きは応用できる

　ある動きを記憶するとき、脳は、動きそのものだけではなく、その動きを「どのように理解しているのか」もいっしょに記憶しています。そのため、似た動きをするときに応用することができるのです。

　たとえば、野球の上手投げが上手な人は、テニスのサーブも上達するのが早いといわれています。

　このように、一つの動きができるようになると、「あの動きと同じかも」とか「あの練習が役立つかも」というふうに、どんどんほかの動きにつなげていくことができます。

第2章　運動ってなんだろう

生まれつきの「運動オンチ」はいない？

⑦ 結果を確認して、調整する（フィードバック）

ただひたすらに練習をくり返すのではなく、ときには立ち止まって、自分の動きを確認しましょう。

たとえば、家の人にビデオ動画を撮ってもらって練習の様子をチェックすると、自分の悪い点などがわかり、練習の効果を上げるのに役立ちます。

このように、自分の練習方法などを外側から確認し、やり方を修正していくことを、フィードバックといいます。

もっと知りたい？！
子どものうちに運動を始めるといいのは、なぜ？

右のグラフは、人間の心身の発達の仕方を、年齢を追って示したものです。

「リンパ系」とは体を守る免疫などの発達、「神経系」とは脳や視覚器、脊髄などの発達、「一般系」とは身長や体重、骨格などの発達、「生殖系」とは生殖器などの発達を、それぞれ表しています。

このうち、運動の巧みさに関わるのは「神経系」で、100パーセントにぐんと近づく6～8歳ぐらいのころは、新しい動作をすぐに身につけるのが可能で、運動能力を高めるのに効果的な時期だとされています。

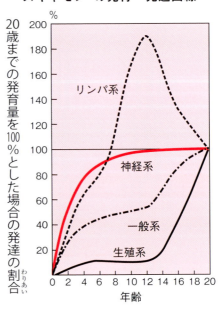

スキャモン*の発育・発達曲線

＊スキャモン：Scammon, R.E.(1883-1952)。アメリカの医学・人類学者。

第3章

運動がうまくなるためのドリル

ここから、いよいよ運動がうまくなるための練習方法である「ドリル」にちょうせんします。ドリルは、家の人や友だちといっしょにやると、より効果的です。

みんなで
ドリル

1 基本のドリル

まずは全身の動きをよくしよう

いろいろな運動のドリルに取り組む前に、まず、体の動きをよくする「基本のドリル」を紹介します。

運動をするとき、体には、重力や地面反力（p.33参照）といったさまざまな力が働きます。それらをうまく利用しながら、自分の力を十分に発揮するためには、「体の中心である体幹をしっかりと保つこと」、そして、「腕や脚が、スムーズに素早くふり出せること」が大切です。

基本のドリルは、56ページからの各ドリルの前に行いましょう。

体幹をまっすぐに保つドリル

44、45ページで述べたように、より大きな力を出すためには、体をねじることや、体の中心に近い筋肉で生み出した力を、手足の先へ向かって伝えていくことなどが大切です。このときに体幹のじくがずれたり、グラグラしたりすると、力はうまく伝わりません。まずは、体幹をまっすぐに保つ練習をしましょう。

① 体のじくをつくる

はじめは、重心*の位置を意識しながら、まっすぐに立つ（じくをつくる）練習です。

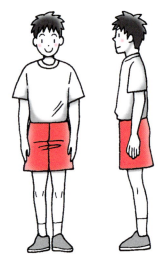

かかとをつけ、腰が反り返ったりねこ背になったりしないように注意して、重心がまっすぐになるように立ちます。まっすぐかどうかを、家の人にチェックしてもらうといいでしょう。

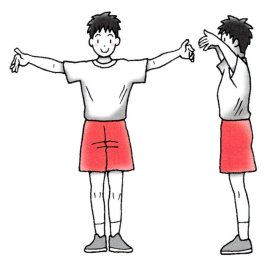

その姿勢のままで、腕を広げます。おなかとひざに力を入れて、体が1本の木になっているところをイメージしましょう。

＊重心：物体そのものにかかっている重力の中心。

② 体幹ジャンプ

体のじくを意識しながら、真上にジャンプするドリルです。着地のとき、ひざを曲げすぎないように注意し、ポンポンポンと、リズムよく何度もとびましょう。体はまっすぐなまま、全身がバネになって地面反力を押し返すイメージです。

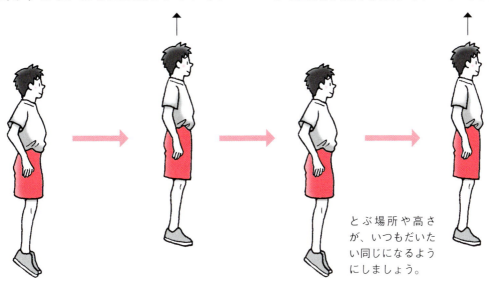

とぶ場所や高さが、いつもだいたい同じになるようにしましょう。

肩甲骨の動きをよくするドリル

腕の付け根は、背中の上部にある肩甲骨という大きな骨につながっています（p.12参照）。肩甲骨まわりの筋肉をやわらかくすると、腕を動かせる範囲（「可動域」といいます）が広がり、動きがスムーズになります。

① ねこの背中

まず、左右の肩甲骨の間を広げたり、くっつけたりするドリルです。

両手を組んで、腕が地面と平行になるように前へつき出していきます。左右の肩甲骨の間を広げるように意識し、ゆっくりと呼吸しながら、この姿勢を5～6秒間キープします。肩をすくめないように注意しましょう。

次は、後ろで手を組み、組んだ両手を、前へたおしていきます。このとき、左右の肩甲骨をくっつけるようにします。この姿勢も、5～6秒間保ちましょう。

第3章 運動がうまくなるためのドリル

② 窓ふき

次は、肩甲骨を回すドリルです。窓ガラスをふくように、体の前で、大きく円をえがきます。ひじを曲げ、肩甲骨ごと腕を回すように意識しましょう。

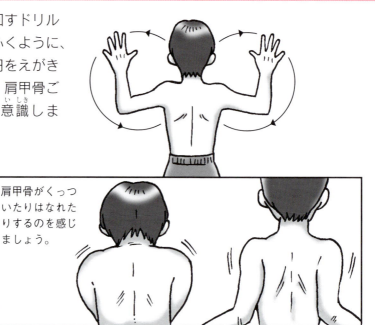

肩甲骨がくっついたりはなれたりするのを感じましょう。

股関節の動きをよくするドリル

次は、脚です。脚を素早く動かすためには、以前は太ももの筋肉をきたえればいいと考えられていました。しかし、それは間ちがいであることがわかってきました。脚は、腰の奥にある筋肉（腸腰筋）や、おしりの筋肉によって、股関節の部分から動きます。そのため、股関節の可動域を広げ、動きをよくしておくことが大切です。

① 左右開脚

その場でジャンプして、脚を①閉じる→②開く→③閉じる→④開いてしずみこむ、をくり返すドリルです。

しずみこむときは、背中をまっすぐに保つことを意識しましょう。

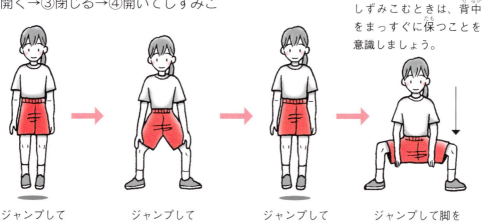

ジャンプして脚を閉じる。

ジャンプして脚を開く。

ジャンプして脚を閉じる。

ジャンプして脚を開き、しずみこむ。

②　3歩ステップ

次は、1歩、2歩と大股で歩き、3歩めでぐっと深くしずみます。「ワン・ツー・スリー」と声を出しながら、リズムよくくり返しましょう。

前ページの①と同じように、しずみこむときは、背筋を伸ばして、まっすぐ下へしずみます。

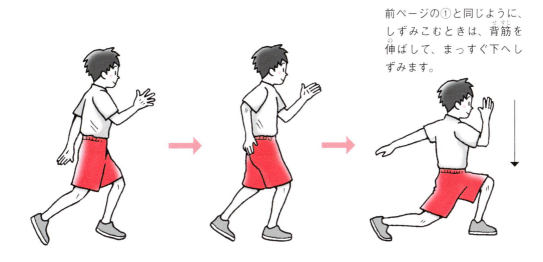

③　脚の横ふり

体幹をまっすぐに保ち、上半身がかたむかないように気をつけながら、脚をできるだけ高く横に上げます。
左右の脚を同様に行いましょう。

腕を横→内→上とふるのに合わせて、脚を前→内→真横と、ふり上げます。

2 さか上がりをするためのドリル

　ここからは、いよいよそれぞれの運動のためのドリルです。

　はじめは、さか上がりです。

　「さか上がりができなくて、鉄棒が苦手になった」という人は、多いかもしれません。さか上がりを一言で表すと、「鉄棒におなかをくっつけて回転する」というものですが、コツを身につけるまではむずかしいと感じる人もいるでしょう。

　まずは、めざすフォームをよく見て、イメージをつかみます。小学生のうちは、大人といっしょに練習しましょう。

めざすフォームを知っておこう

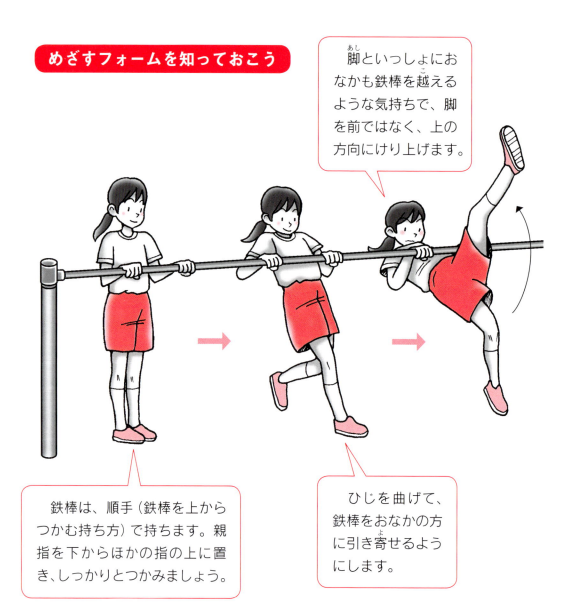

脚といっしょにおなかも鉄棒を越えるような気持ちで、脚を前ではなく、上の方向にけり上げます。

鉄棒は、順手（鉄棒を上からつかむ持ち方）で持ちます。親指を下からほかの指の上に置き、しっかりとつかみましょう。

ひじを曲げて、鉄棒をおなかの方に引き寄せるようにします。

> **ポイント**
> ・腕が伸びないようにする。
> ・脚は、前ではなく真上へけり上げる。
> ・あごを引き、体を丸めて、おなかが鉄棒からはなれないようにする。
> ・できるだけ体を小さくして回る。

応用できるスポーツ→フィギュアスケートのジャンプ、ダンス、ほか

第3章 運動がうまくなるためのドリル

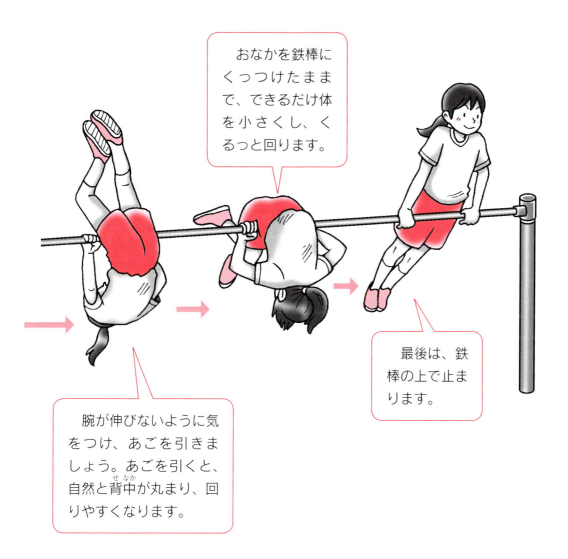

おなかを鉄棒にくっつけたままで、できるだけ体を小さくし、くるっと回ります。

最後は、鉄棒の上で止まります。

腕が伸びないように気をつけ、あごを引きましょう。あごを引くと、自然と背中が丸まり、回りやすくなります。

さか上がりをするためのドリル

① ぶら下がりダンゴムシ

腕を曲げたまま、おなかが鉄棒からはなれないようにするためには、腕の力が必要です。そこで、まずは力をつけるためのぶら下がりドリルです。

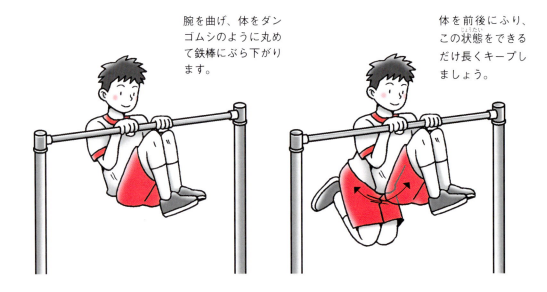

腕を曲げ、体をダンゴムシのように丸めて鉄棒にぶら下がります。

体を前後にふり、この状態をできるだけ長くキープしましょう。

② けり上げ

次は、脚のけり上げのコツをつかむドリルです。鉄棒の真上にあるボールをけるようなイメージで、思い切り上へけり上げましょう。このときも、腕が伸びたり、おなかが鉄棒からはなれたりしないようにするのがポイントです。

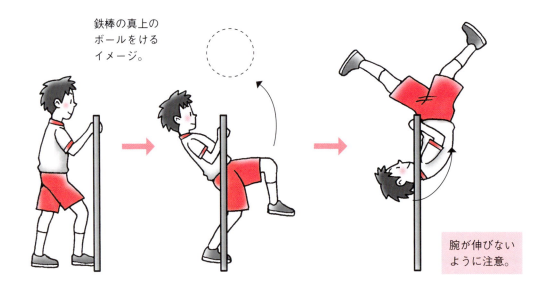

鉄棒の真上のボールをけるイメージ。

腕が伸びないように注意。

③ 板上がり

次は、道具を使って脚を上へけり上げる練習です。鉄棒の前にブロックなどを置き、板をななめに立てかけます。強く地面をけって、勢いよく板をかけ上がりましょう。

このときも、おなかを鉄棒からはなさないようにしてあごを引くと、体が自然に丸まって、回転しやすくなります。

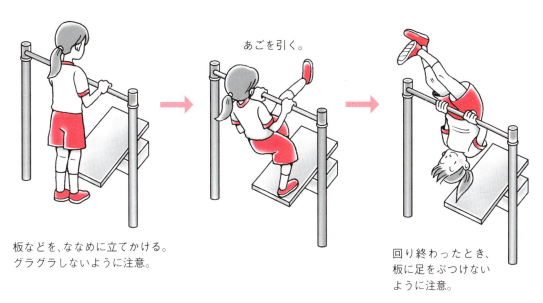

板などを、ななめに立てかける。グラグラしないように注意。

あごを引く。

回り終わったとき、板に足をぶつけないように注意。

④ タオルで回転

さか上がりなどの回転する動きでは、回転のじく（さか上がりでは鉄棒になります）にできるだけ近いところに、体の重心を持ってくる方が回りやすくなります。つまり、体をできるだけ小さく丸めることが大切なのです。

そこで、タオルなどを使って腰が鉄棒からはなれないようにするドリルです。このドリルによって、小さく、くるっと回る感覚を身につけましょう。

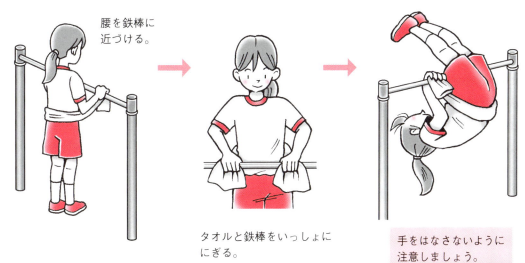

腰を鉄棒に近づける。

タオルと鉄棒をいっしょににぎる。

手をはなさないように注意しましょう。

-59-

速く走るためのドリル

3 速く走るためのドリル

走りで大切なのは、腕のふりと股関節です。ドリルによって、腕を正しくふる方法や、股関節の動きをよくする方法を身につけます。55ページの②③も、あわせて行いましょう。

しっかりと練習すれば、今の自分よりは確実に速く走れるようになるでしょう。

めざすフォームを知っておこう

ひじは直角に曲げます。

視線は、まっすぐ前方を見ます。

両腕をしっかりとふることで体幹をねじり、腰の回転を利用して、脚を前へふり出します。

股関節から脚をふり上げます。

ポイント

- 背筋を伸ばし、視線はまっすぐ前を見る。
- ひじを直角に保ち、肩甲骨から腕を大きくふり、腰のねじりを生み出す。
- 股関節の動きだけで脚を上げることを意識する。
- ひざと足首の力をぬき、脚をムチのように動かす。

応用できるスポーツ→サッカー、バスケットボール、テニス、ほか

第3章 運動がうまくなるためのドリル

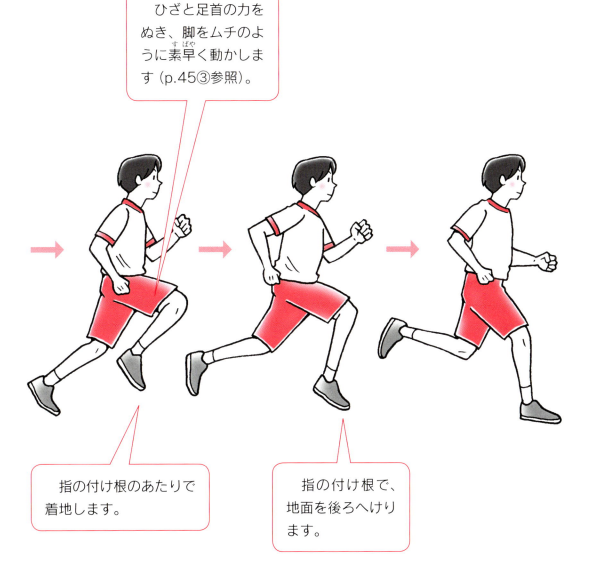

ひざと足首の力をぬき、脚をムチのように素早く動かします（p.45③参照）。

指の付け根のあたりで着地します。

指の付け根で、地面を後ろへけります。

速く走るためのドリル

① 腕ふり

走る動作では、腕をふって腰を逆方向へねじり、体が回転するエネルギーを利用して、体を前へ運びます。より大きなエネルギーを生むためには、腕をしっかりふることと、そのエネルギーを体幹や股関節へと伝えていくことが大切です。

両手をいっしょにふる

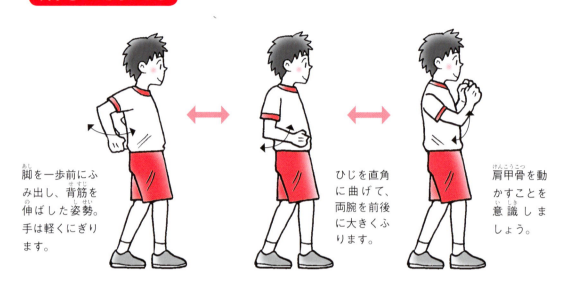

脚を一歩前にふみ出し、背筋を伸ばした姿勢。手は軽くにぎります。

ひじを直角に曲げて、両腕を前後に大きくふります。

肩甲骨を動かすことを意識しましょう。

② スタート

速く走るためには、スタートの勢いを利用することも大切です。まず、まっすぐに立ち、スタートのタイミングに合わせて体をたおしていきます。たおれそうになる限界で脚を前にふみ出すようにすると、よいスタートが切れます。

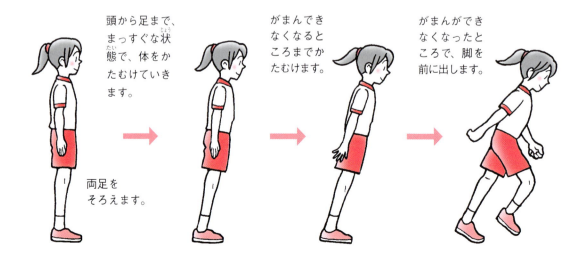

両足をそろえます。

頭から足まで、まっすぐな状態で、体をかたむけていきます。

がまんできなくなるところまでかたむけます。

がまんができなくなったところで、脚を前に出します。

第3章 運動がうまくなるためのドリル

腕ふりドリルで、体幹がねじれる感覚を身につけましょう。

左右交互にふる

ひじは直角で、肩甲骨を動かすことを意識しながらくり返します。

腕のふりに合わせて、体幹がねじれることを感じましょう。

脚を一歩ふみ出した姿勢のまま、手を左右交互にふります。

体をたおしづらいときは

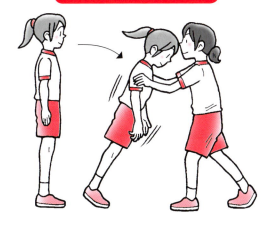

友だちや家の人に前に立ってもらい、たおれかけたところで体を支えてもらう練習をしましょう。

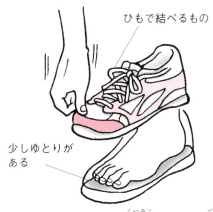

シューズの選び方

ひもで結べるもの

少しゆとりがある

かかとの部分の靴底に、ある程度の厚みと弾力があり、かかとのまわりがしっかりとした素材のものを選びましょう。サイズが合っていることや、指の付け根のところで曲げられることも大切です。

-63-

速く走るためのドリル

③ 大股スキップ

　股関節から脚を上げ、素早くムチのように前にふり出すためには、股関節の動きをよくする必要があります。

　そこで、股関節の可動域を広げ、動きをなめらかにする、大股スキップドリルを行います。

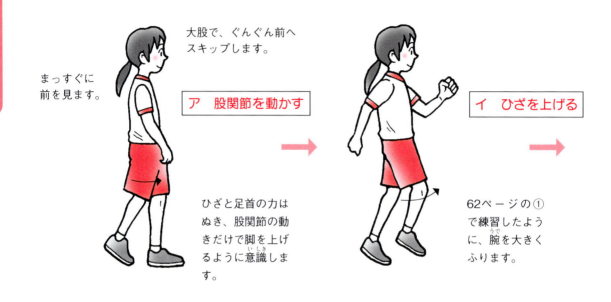

④ 早足歩きからのダッシュ

　次は、地面を後ろに強くけりながら、左右の脚を素早く前後させる動きを身につけるドリルです。

　早足歩きをしながら、だんだんとスピードを上げていき、歩くのが無理な速さになったら、そのまま走り出します。

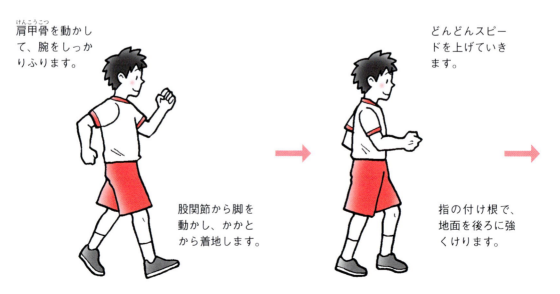

- 64 -

このドリルでは、ひざと足首の力をぬき、股関節だけで脚を高く前へ上げることを意識すると、脚を前へ運ぶ「ムチ動作」が身につきます。

遠くまでとぶようなつもりで、リズムよくスキップしましょう。

ウ ひざを前へ

ア→イ→ウの順で、脚を前へ投げ出すようにイメージしましょう。

うまくできると、脚がムチのように動きます。

早足歩きの着地では、かかとは地面に一瞬さわる程度で、指の付け根で地面を後ろにけって進みます。走り出したら指の付け根で着地します。

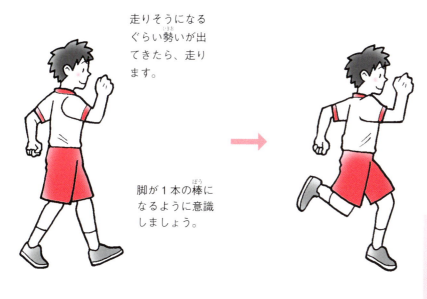
走りそうになるぐらい勢いが出てきたら、走ります。

脚が1本の棒になるように意識しましょう。

地面を強く後ろにけるようにして早足歩きをすることで、前へ進む力を身につけます。

4 二重とびがうまくなるためのドリル

　二重とびは、一重とびよりも少しだけ高くジャンプし、同時にとびなわを素早く2度回します。ひざを曲げすぎないようにして、地面を押すようにとぶと、地面反力（p.33参照）を利用することができるので、じくがぶれず、あまり疲れずにとび続けることができます。

　ドリルで、じょうずなジャンプの仕方やとびなわの回し方のコツをつかみ、くり返し練習しましょう。

めざすフォームを知っておこう

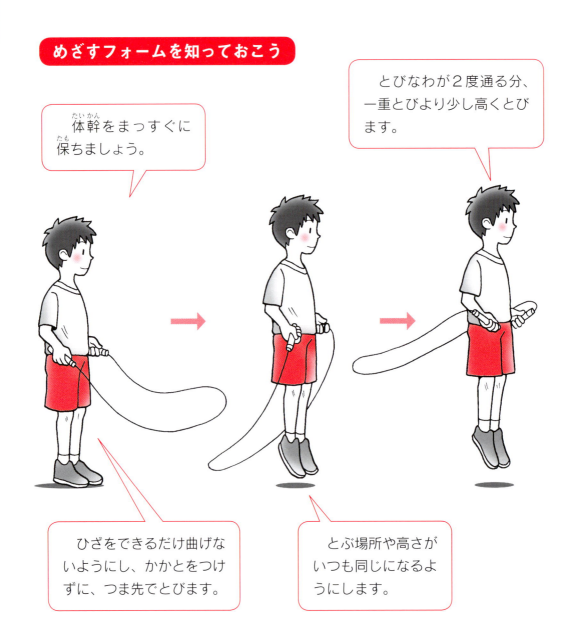

体幹をまっすぐに保ちましょう。

とびなわが2度通る分、一重とびより少し高くとびます。

ひざをできるだけ曲げないようにし、かかとをつけずに、つま先でとびます。

とぶ場所や高さがいつも同じになるようにします。

ポイント

- ☐ ひざをあまり曲げずに、つま先でとぶ。
- ☐ 同じ場所、同じ高さ、同じリズムでとぶ。
- ☐ 二重とびは、一重とびよりも少し高くとぶ。
- ☐ とびなわは、腰の横で手首を使って素早く回す。

一重とび

二重とび

応用できるスポーツ→ダンスなど

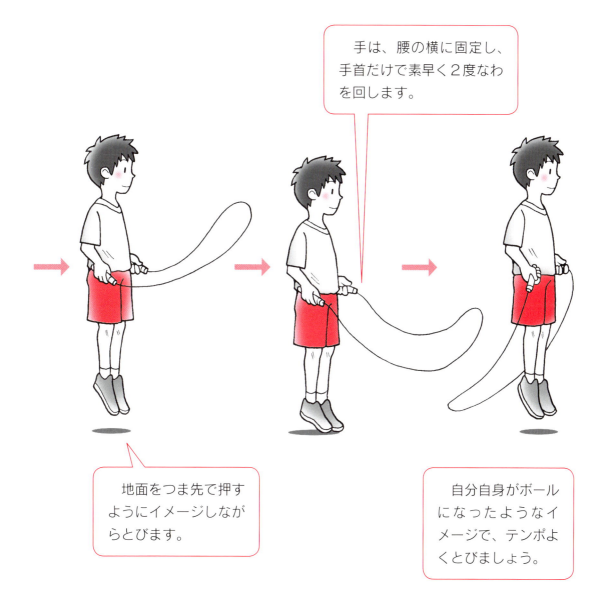

手は、腰の横に固定し、手首だけで素早く2度なわを回します。

地面をつま先で押すようにイメージしながらとびます。

自分自身がボールになったようなイメージで、テンポよくとびましょう。

第3章 運動がうまくなるためのドリル

- 67 -

二重とびがうまくなるためのドリル

① リズムに乗ってジャンプ

　まず、同じ場所、同じリズムでテンポよくとぶためのドリルです。

　とぶ場所がバラバラになるということは、とんでいる時間の長さや高さがバラバラだということです。音楽などのリズムに合わせて、同じ場所で、まっすぐ上へとぶ練習をしましょう（p.53②参照）。

手を腰に当て、リズムに合わせて連続でジャンプします。

ひざをできるだけ曲げずにとびます。

一瞬地面に着いただけではね返る、空気のいっぱい入ったボールをイメージします。

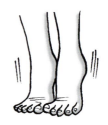

足の指の付け根でとぶ

ひざを曲げたりかかとをつけてとんだりすると、着地時間が長くなり、リズムよくとべません。

② 人間ドリブル

　次は、とぶ瞬間に地面をぐっと押す感覚をつかむドリルです。肩を押さえてもらいながら、地面を下に押すようにとぶと、地面が押し返す力（地面反力：p.33参照）を感じることができます。この地面反力を利用すれば、長くとび続けることができます。

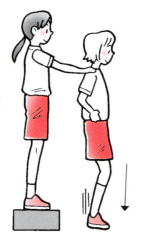

後ろから、友だちや家の人に、肩を押さえてもらいます。

肩を押される力に負けないように、地面を押すようにして、ポンポンと連続でジャンプしましょう。

とびなわの選び方と持ち方・回し方

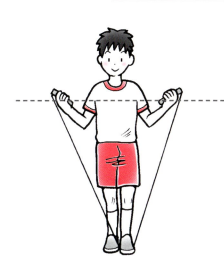

とびなわの長さは、なわの真ん中を足でふんで持ったときに、手が胸(むね)の横の高さになるものとします。

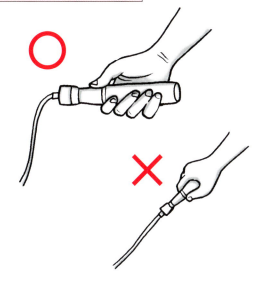

手のひらが上を向くようにして持ち、腰の横に構(かま)えて、手首で回します。

③ エアなわとび

ジャンプとなわ回しのリズムをつかみ、タイミングを合わせるドリルです。

とびなわを1本ずつ両手に持ち、少し高めに1回ジャンプする間に、とびなわを体の横で2度素早(すばや)く回します。

「ビュビュン」「ビュビュン」のリズムでテンポよくとべるようになるまで、くり返し練習しましょう。

このドリルでは、高くとぶことよりも、素早くなわを回せるようになることが目的です。

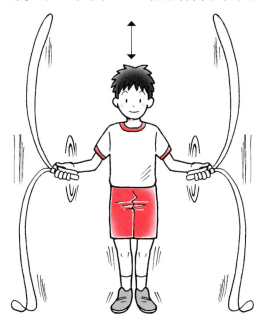

2つの持ち手をいっしょに持ちます。

第3章 運動がうまくなるためのドリル

5 とびばこをとぶためのドリル

「ふみ切り方がわからない」「ぶつかるのがこわい」「いつも、おしりがぶつかる」など、とびばこが苦手な理由はいろいろですが、とびばこで大切なのは、「勢いよく前へふみ切ること」と「両手で体を支えて前を見ること」です。

助走の勢いを止めずにふみ切り、遠くに手をついて前を向けば、自然と体はとびばこを越えていきます。勢いがなかったり、下を向いたりしていると、ぶつかったり、頭から着地したりして危険です。

ドリルで、反動をつけて勢いよくふみ切る方法や、手でふんばって体を支える感覚を身につけましょう。

めざすフォームを知っておこう

まっすぐ前方を見ます。

ふみ切り板までのタイミングをはかりながら、助走します。

両手を後ろから前へ大きくふり上げ、反動をつけて両足でふみ切ります。

> ### ポイント
> - 反動をつけて、両足でふみ切る。
> - できるだけ遠くに手を突き、ふんばって体を支える。
> - 手を突いたら、顔を上げて前を向く。
> - 着地は、しっかりとひざを曲げる。

応用できるスポーツ→バスケットボール、バレーボール、陸上、ほか

できるだけ遠くへ手を突き、しっかりと体を支えて、脚を開きます。

顔を上げて前を見ると、脚が自然と前へふりもどされて、体はとびばこを越えていきます。

ひざを十分に曲げて、着地します。

とびばこをとぶためのドリル

① 腕ふりジャンプ

はじめは、ふみ切りの感覚をつかむドリルです。勢いよくふみ切るためには、反動をつけた「腕ふりジャンプ」のドリルが役立ちます。1・2と走りこみ、3で両足をそろえてかがんでから、上へジャンプします。反動を利用して（p.44 ①参照）、できるだけ高くとびましょう。

1・2と走りこみます。

3で両手と両足をそろえてかがみこみ、反動をつけます。

② 腕突き腰上げ

次は、手で体を支えるドリルです。
小さな机などを用意します。両手を上からふり下ろすように机に突くと同時に、おしりを持ち上げるようにジャンプします。手が自分の体を支えている感覚を感じましょう。

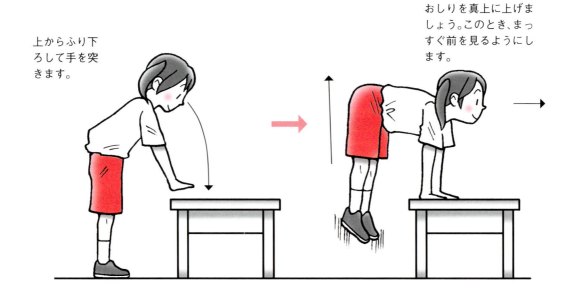

上からふり下ろして手を突きます。

おしりを真上に上げましょう。このとき、まっすぐ前を見るようにします。

第3章 運動がうまくなるためのドリル

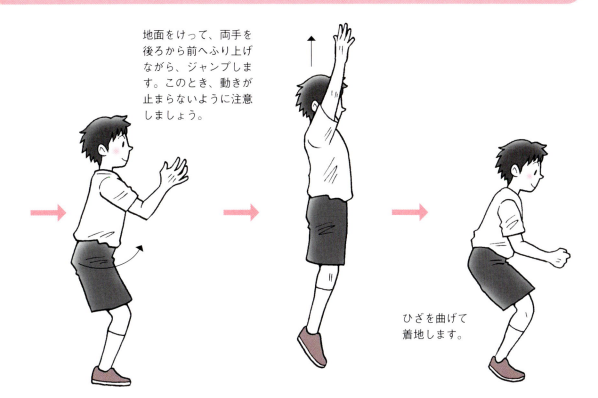

地面をけって、両手を後ろから前へふり上げながら、ジャンプします。このとき、動きが止まらないように注意しましょう。

ひざを曲げて着地します。

③ 着地

とびばこでは、着地の仕方も大切です。
高さ30センチメートルぐらいのふみ台などを用意し、飛び下りる練習をしましょう。着地の瞬間、ひざを深くゆったりと曲げるようにすると、曲げないときよりも、着地の衝撃をやわらげることができます。
このとき、ひざをつま先と同じ方向に曲げるようにすると、ひざ関節に負担がかからず、けがの予防になります。

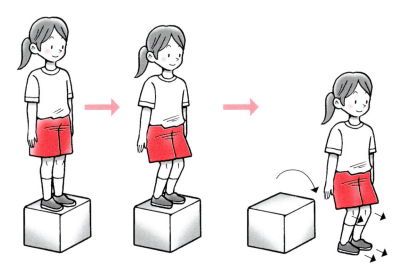

着地の瞬間、ひざをできるだけ深く曲げます。

つま先が向いている方向と同じ方向にひざを曲げます。

6 うまく投げるためのドリル

42ページにもあるように、一度もボールを投げたことがなければ、うまく投げることはできません。それは、経験がないために、体のどの部分をどう動かして、どこに力を入れたらいいのかなど、投げ方そのものがわからないからです。

ボールは、手首や腕だけで投げようとしても、遠くへは飛びません。腰の回転を利用して、全身を使い、腕をムチのようにして投げると、遠くへ飛びます。

ここでは、オーバーハンドで投げる方法のドリルを紹介します。なれるまでは、やわらかいゴムボールなどを使って練習するとよいでしょう。

めざすフォームを知っておこう

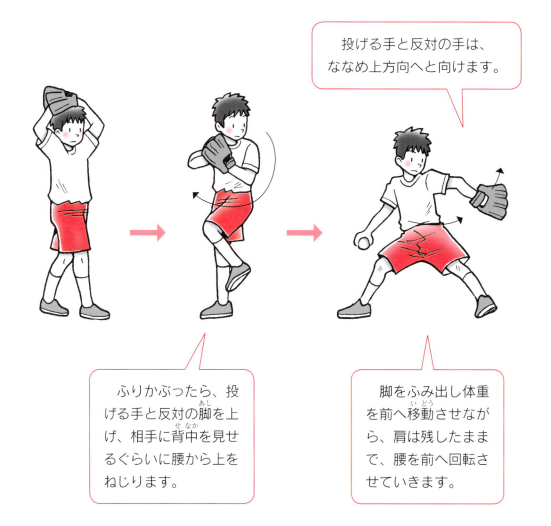

投げる手と反対の手は、ななめ上方向へと向けます。

ふりかぶったら、投げる手と反対の脚を上げ、相手に背中を見せるぐらいに腰から上をねじります。

脚をふみ出し体重を前へ移動させながら、肩は残したままで、腰を前へ回転させていきます。

> ### ポイント
> - ☐ 投げる手と反対の脚を上げながら、腰から上を、相手に背中を見せるぐらいまで後ろにねじる。
> - ☐ 脚を前にふみ出しながら腰だけを前へ回転させる。このとき、肩は後ろに残しておき、上半身と腰とのねじれをつくる。
> - ☐ 上半身を前へ回転させるエネルギーを、体幹から肩→ひじ→手首→ボールへと伝えることで、腕をムチのように動かす。

応用できるスポーツ→ドッジボール、陸上、ほか

上半身と腰とのねじれができます（p.44②参照）。

ねじれている上半身を前へ回転させ、そのエネルギーを肩→ひじ→手首→ボールへと伝えていきます。

ふみこんだ脚は、投げる方向へ向けて着地し、ふん張ります。

肩から手の先へ向かって順々にスピードを上げていくようにすると、腕がムチのようにふられ、大きな力が発揮できます（p.45③参照）。手が体からもっとも遠くなったところで、ボールをはなします。

第3章 運動がうまくなるためのドリル

-75-

うまく投げるためのドリル

① ダーツ投げ

　ボールを投げることになれていないと、いつ手からはなせばいいのかもわからないものです。そこで、ボールをはなすタイミングをつかむための、「ダーツ投げ」ドリルを行います。ひじを伸ばすと同時に、手首を使ってボールを投げます（「スナップ動作」といいます）。タイミングがつかめるまで練習しましょう。

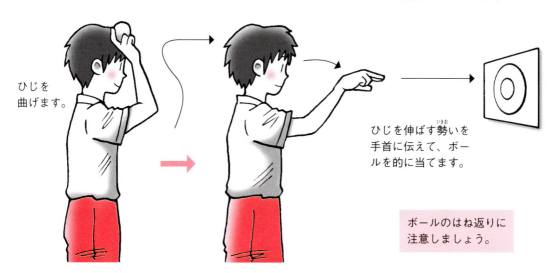

ひじを曲げます。

ひじを伸ばす勢いを手首に伝えて、ボールを的に当てます。

ボールのはね返りに注意しましょう。

② ムチ動作

　ボールを投げる動きは、体をねじる動作とムチ動作（p.44②、45③参照）とをうまく組み合わせることによってつくられます。このドリルでは、体幹を回転させて生まれる力を、肩から腕へ伝える感覚をつかみます。

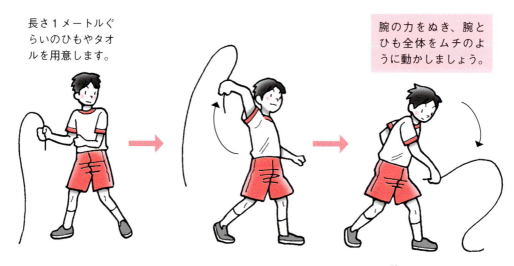

長さ1メートルぐらいのひもやタオルを用意します。

腕の力をぬき、腕とひも全体をムチのように動かしましょう。

体幹がぐらぐらしないように、脚は肩幅より少し広めに開きます。

体幹を後ろにねじって、腕を後ろに引きます。

はじめに腰、次に上半身を前に回転させながら、その動きを利用して、ひじを前に押し出すようにふり下ろします。

-76-

③ 8の字ふり

次は、肩を回す感覚をつかむドリルです。タオルなどを持って、体のまわりで大きく8の字にふります。肩が動いていることを意識しながら、まずはゆっくりと回します。その後、だんだんとスピードを上げていきましょう。

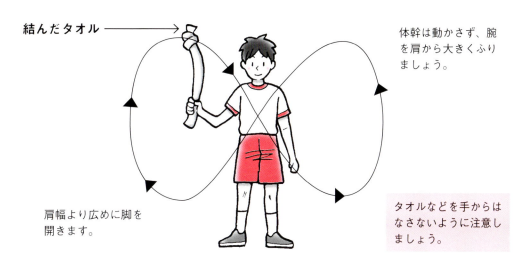

結んだタオル

体幹は動かさず、腕を肩から大きくふりましょう。

肩幅より広めに脚を開きます。

タオルなどを手からはなさないように注意しましょう。

④ 真下投げ

最後は、ボールを真下に向かって投げるドリルです。脚と体幹でつくったエネルギーを、手の先に向かって伝えていく感覚を身につけます。

腕をふり下ろすときに、前へ出した脚のひざが動かないようにふん張り、腕の力を抜いて投げ下ろすと、上半身が自然とムチのように動きます。

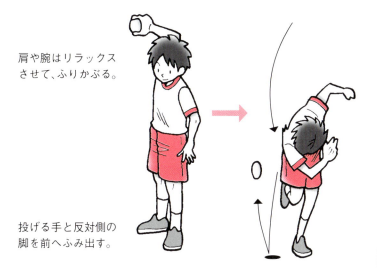

肩や腕はリラックスさせて、ふりかぶる。

投げる手と反対側の脚を前へふみ出す。

投げる手と反対のひざが動かないようにふん張り、前へ行こうとする下半身の動きを止めると、腰から上がムチのようにしなります。

ボールのはね返りに注意しましょう。

第3章 運動がうまくなるためのドリル

うまく打つためのドリル

7 うまく打つためのドリル

　テニスなど、ラケットでボールを打つ動作でも、重要なのは腰の回転と、それによって生まれた力を腕の先（ラケット）へと伝えていくことです。腰の回転の力をうまく手へ伝えられるようになれば、腕によけいな力を入れなくても、自然にラケットがふれるようになります。

　また、最後までボールから目をはなさず、ラケットのほぼ真ん中あたり（スウィートスポット）にボールを当てるようにすることが大切です。

めざすフォームを知っておこう 〔フォアハンド〕

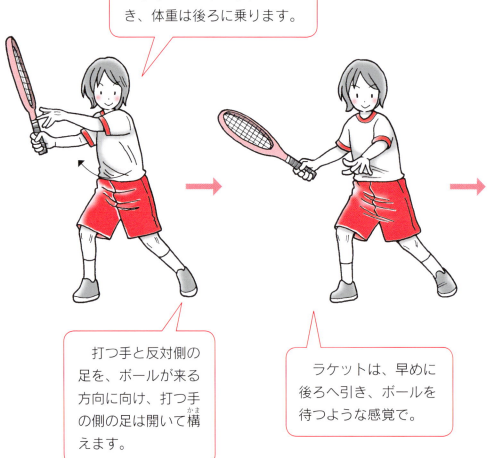

ラケットと反対の腕もラケットと同じ方向に引いて、上半身をねじります。このとき、体重は後ろに乗ります。

打つ手と反対側の足を、ボールが来る方向に向け、打つ手の側の足は開いて構えます。

ラケットは、早めに後ろへ引き、ボールを待つような感覚で。

> ### ポイント
> - ☐ 早めにラケットを後ろに引いて上半身をねじり、ボールを待つようにする。
> - ☐ 腰を前へ回転させながら、後ろの脚に乗せた体重を、前へと移動させる。
> - ☐ 腰の回転で生まれた力を腕の先（ラケット）へ伝えていく。
> - ☐ ラケットと反対の手をもどしていくことで、上半身を前へ回転させる。
> - ☐ 最後までボールから目をはなさず、ラケットのスウィートスポットにボールを当てる。

応用できるスポーツ→野球、バドミントン、卓球、ほか

第3章 運動がうまくなるためのドリル

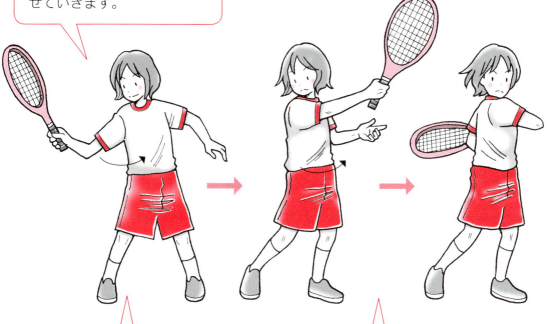

ボールを打つタイミングに合わせて、腰を前へ回転させながら、体重を前へと移動させていきます。

ボールから目をはなさず、ラケットのスウィートスポットにボールが当たるようにします。

ラケットの反対の手をもどしていくと、自然と上半身が回転し、ラケットのスピードが上がって、楽にボールを打つことができます。

うまく打つためのドリル

① スウィートスポット

　まずはじめは、ボールをラケットのスウィートスポットに当てるドリルです。
　ボールは、ラケットのどこで打っても同じではありません。はしの部分で打つと、ラケットがぐらついたり、手にボールの振動が大きく伝わりすぎたりして、思った方向に飛ばすことはできません。スウィートスポットで打つようにすると、ラケットの動きやボールの方向をうまくコントロールすることができます。

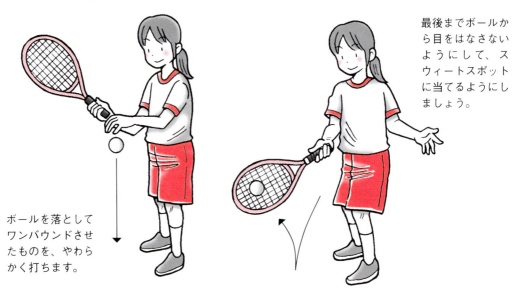

最後までボールから目をはなさないようにして、スウィートスポットに当てるようにしましょう。

ボールを落としてワンバウンドさせたものを、やわらかく打ちます。

② かべ打ち

　ラケットを後ろに引いて体をひねる動きと、スウィートスポットに当てる感覚をつかむためには、かべ打ちが有効です。ゆったりと、やわらかいボールを打つようにし、かべの同じ場所に当てられるようになるまで、くり返し練習しましょう。

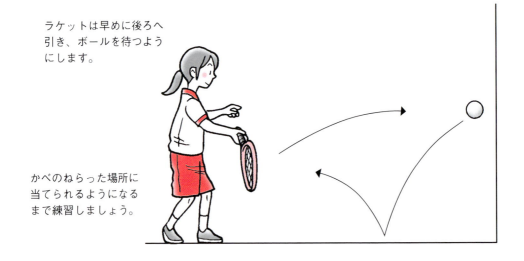

ラケットは早めに後ろへ引き、ボールを待つようにします。

かべのねらった場所に当てられるようになるまで練習しましょう。

③ ボレーボレー

　数メートルはなれた相手と、ボールを地面に落とさずに打ち合うドリルです（ボールが地面に落ちる前に打つことを「ボレー」といいます）。

　このドリルによって、ラケットを思うようにコントロールすることと、ねらった方向にねらった強さでボールを打つ感覚を身につけます。

スウィートスポットにボールを当てると、ねらった方向へ打つことができます。

相手が打ち返しやすい速さで、ボールを打ちましょう。

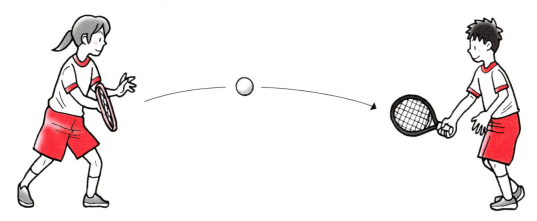

④ ラリー練習

　次は、ワンバウンドで打ち合うドリルです。テニスなどで、ネットを挟んでボールを打ち合うことをラリーといいます。ドリルでは、ネットを挟んでも挟まなくても構いません。ワンバウンドで打ち合い、できるだけ長くラリーが続くように、相手が返しやすいボールを打ちましょう。

　ラリー練習では、ラケットを後ろに引いて体をねじる動きや、体重移動、上半身を回転させながらボールを打つ動きなどを連続の動きとして練習します。

ラケットは、平行移動させるようにすると、コントロールしやすくなります。

ラケットを素早く後ろに引いて、ボールを待つようにすると、余裕を持って打ち返せるようになります。

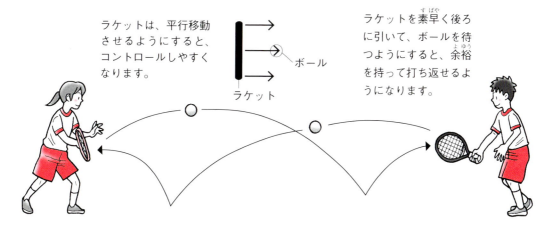

第3章　運動がうまくなるためのドリル

8 うまくけるためのドリル

　うまくけるためのドリルでは、ボールをコントロールし、ねらった方向へけることを目標とします。

　け方にもいろいろなスタイルがありますが、ここでフォームを確認するのは、もっとも遠くへ飛ばすことができる、サッカーの「インステップキック」です。

　インステップキックは、大きくじく脚をふみこむことで生まれた力を、体を回転させながらムチのようにした脚へと伝えることで、大きな力を発揮します。シュートや、遠くへのパスなどで使います。

めざすフォームを知っておこう〔インステップキック〕

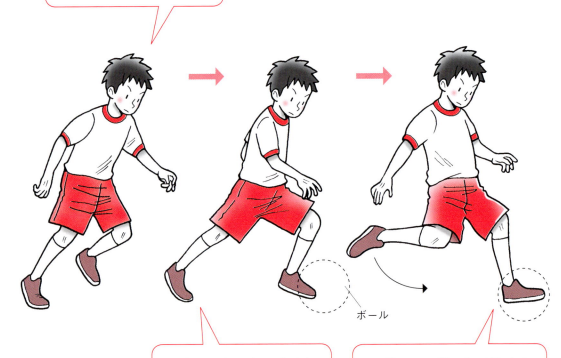

- ボールの位置に合わせて大きく走りこみます。
- 走りこむことで生まれた移動の力を、ける脚へと流すようにします。
- ボールの横にじく脚をふみこんで体の勢いを止めます。じく脚のつま先は、ボールを飛ばす方向へ向けます。

> ### ポイント
> - ☐ じく脚（ボールをける反対の脚）は、ボールの横にふみこむ。
> - ☐ 大きくふみこんだじく脚を止めるようにふん張ることで、走りこんできたエネルギーをける脚へ伝える。
> - ☐ける脚と反対の手をふり下ろし、体幹を回転させる。
> - ☐ける脚は、股関節から動かし、ボールが当たる瞬間に足首に力を入れる。

応用できるスポーツ→ラグビー、アメリカンフットボール、ほか

ける脚は股関節から動かして、脚の先へ向かって力を伝えていくようにします（ムチ動作）。

ける脚と反対側の手をふり下ろすようにすると、体幹が回転する力が加わります。

ボールに足が当たる瞬間に、ける方の足首に力を入れるようにします。

第3章 運動がうまくなるためのドリル

うまくけるためのドリル

① リフティング

　サッカーでは、ボールをコントロールすることが大切です。

　そこで、まずはじめに紹介するのは、足の甲や太ももで行うリフティングドリルです。長く続けるためには、ボールの方向やける力の強さなどをコントロールしなければなりません。

　「まずは10回続ける」などの目標を決めて練習し、クリアできたら回数を増やしていきましょう。

はじめは、やわらかいビーチボールなどで練習してもよいでしょう。

ボールをよく見て、力を入れすぎないのがコツです。

できるだけ太ももと足の甲の両方を使い、左右交互にけりましょう。

② トラッピング

　次は、相手からパスされたボールを胸や脚などで受け止める、トラッピングの練習です。やわらかく受け止めることでボールの勢いを殺し、コントロールしやすくする感覚を身につけます。

　胸や足首、太ももなど、いろいろな部分を使って練習しましょう。うまくトラッピングできると、ドリブルやキックなど、次の動きがしやすくなります。

家の人や友だちに、ボールをパスしてもらったり、投げてもらったりして練習します。

はじめは胸、次に足首や太ももなどを使ってやってみましょう。

受け止めたボールを下に落とし、そのままドリブルしてみましょう。

③ ジグザグドリブル

リフティングやトラッピングドリルで、ボールをコントロールする感覚を身につけたら、次は、ドリブルしながら左右の脚でボールを自在にコントロールすることや体重移動の感覚を身につけましょう。

コーンなどの障害物を60〜80センチメートルぐらいの間隔で置き、その間を足の外側と内側を使ってボールをけりながら、ジグザグに進む練習です。

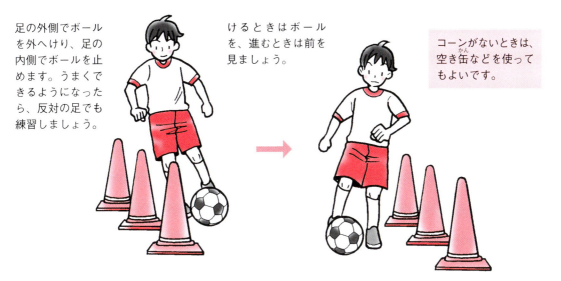

足の外側でボールを外へけり、足の内側でボールを止めます。うまくできるようになったら、反対の足でも練習しましょう。

けるときはボールを、進むときは前を見ましょう。

コーンがないときは、空き缶などを使ってもよいです。

④ めざすところにける〔インサイドキック〕

足の内側で、めざすところにけるキックを「インサイドキック」といいます。このドリルでは、股関節から脚を動かしてボールをける感覚を身につけます。

インサイドキックは、味方へのパスなどに多く使われるので、力をコントロールし、やわらかいボールをけることが大切です。

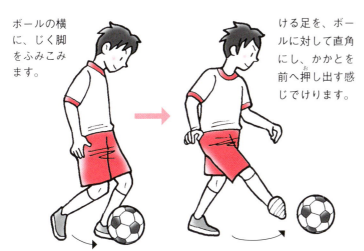

ボールの横に、じく脚をふみこみます。

ける足を、ボールに対して直角にし、かかとを前へ押し出す感じでけります。

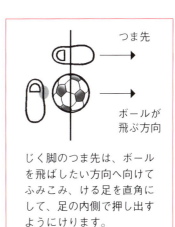

つま先

ボールが飛ぶ方向

じく脚のつま先は、ボールを飛ばしたい方向へ向けてふみこみ、ける足を直角にして、足の内側で押し出すようにけります。

もっと知りたい?!

ふだんの生活の中で、体幹を安定させる方法

運動がうまくなるために大切な要素に、体幹の使い方があります。体幹が安定すると、体のじくがぶれずに手足をうまく動かすことができるようになります。

体幹は、52ページのようなドリルだけではなく、ふだんから全身を使っていろいろな動きをしたり、遊んだりすることでも、強くすることができます。

○正しい姿勢で座る

○いろいろな歩き方で歩いてみる

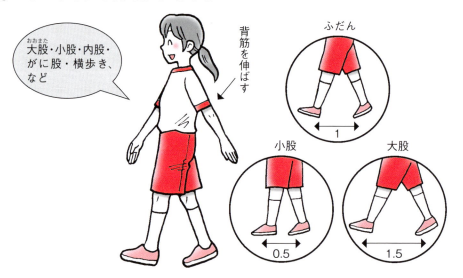

1歩の幅を、大きくしたり小さくしたりして歩いてみましょう。また、内股やがに股、横歩き、ナンバ歩き（同じ側の手足を同時に出す歩き方）など、いつもとちがう歩き方で1日過ごしてみましょう。なれない動作をすると、バランスを保つためにふだんとはちがう筋肉が使われ、体幹がきたえられます。また、脳もまんべんなく使われるため、活性化します。

第4章
気をつけて！スポーツ障害（しょうがい）

小学生や中学生のうちは、骨（ほね）や筋肉（きんにく）がまだ未熟（みじゅく）なために、運動による思わぬトラブルが起こりやすい時期でもあります。体の特徴（とくちょう）を知って、スポーツ障害を予防（よぼう）しましょう。

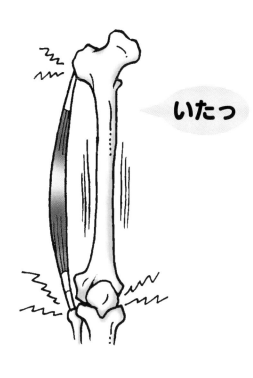

1 成長期の体とスポーツ障害

スポーツ障害とスポーツ外傷

　スポーツに関連することで起きる体のトラブルは、その起こり方によって、「スポーツ障害」と「スポーツ外傷」とに分けられます。比較的長い期間、くり返しある部分に負担がかかることで起こる慢性的な炎症や疲労骨折*などを「スポーツ障害」といいます。一方、転倒や衝突など、一度の大きな衝撃によって起こるけがは「スポーツ外傷」といいます。

　スポーツ外傷を負った場合でも、けがが治らずに残ったり、くり返したりする場合は、「障害」ということもあります。

*疲労骨折：一度で折れるのではなく、長い間負担がかかり続けることで起こる骨折。

成長期の体

　小学生や中学生などの体は、成長期途中のため、骨や関節、筋肉などがまだ十分にできあがっていません。そのために、強い力を加えたり、無理な動作をくり返したりすると、大人とくらべてトラブルが生じやすくなります。

　次のような成長期の体の特徴を知って、トラブルを予防しましょう。

① 骨端線がある

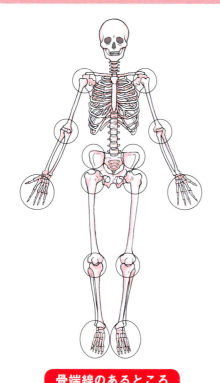

骨端線のあるところ

骨端線の成長
〈成長期〉　〈成人〉
骨端線　骨幹

　骨は、骨端線にカルシウムがたまることで伸び、大人の骨に近づいていきます。骨端線は、成長のためには大切な部分ですが、強い力に弱く、傷つきやすい部分でもあります。

-88-

② 骨がやわらかい

子どもの骨は、大人の骨にくらべてやわらかいため、ポキッと折れるのではなく、細い枝などがぐしゃっと曲がるように骨折することがあります。このような骨折は、若い木を折ったときに似ていることから「若木骨折」と呼ばれ、見た目からは気づきにくいことがあります。

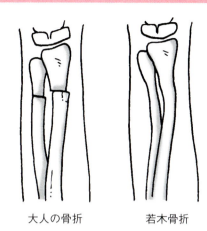

大人の骨折　　若木骨折

③ 治りが早い

子どものうちは骨がやわらかいので、骨折が治るのも早いです。それはよいことでもあるのですが、骨折したことに気がつかずに放っておいた場合、変形したまま骨がくっついてしまうことがあります。

転んだときなど、見た目には変化がないのに、2、3日痛みが引かないようなときは、病院を受診しましょう。

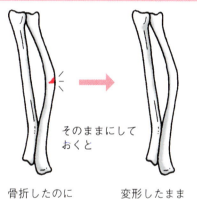

骨折したのに　　そのままにしておくと　　変形したままくっついてしまう

④ 骨・筋肉・腱・靭帯などの成長のバランスがとれていない

成長途中の体では、骨や筋肉、腱、靭帯などの、それぞれの成長の仕方にも差があります。成長期は、骨にくらべて腱が強いため、同じ動作のくり返しによって腱が骨についている部分にストレスがかかり続けると、その部分から骨が傷つくことがあります。

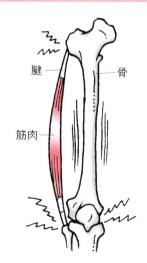

腱　骨　筋肉

この時期、骨は急速に成長するが、細く弱い。

2 スポーツ障害の早期発見

スポーツ障害は、一度の事故などによるものではなく、長い期間、くり返しある部分に負担がかかることで起こる慢性的な障害です。とくに成長期は、骨の成長に筋肉の成長が追いつかないことや、骨がやわらかいことなどから、障害が起こりやすくなります。

多くのスポーツ障害は、早めに発見し、受診・治療すれば、後遺症もなく治ります。早めの発見を心がけましょう。

自分の体を意識して、痛みに気づく

身長が急に伸びる成長期は、スポーツ障害になりやすい時期です。身長の伸び方には個人差がありますが、定期的に身長を測り、折れ線グラフなどにしておくと、自分の体の変化がよくわかります。

また、自分の体の状態を意識し、「いつもとちがうな」と感じる感覚は、健康を保つためには、とても大切です。

スポーツ障害の中には、運動していないときには症状が出ないものもあるので、運動前に下の図の場所を指で軽く押して、痛みがないかどうかを確かめましょう。それまでになかった痛みが感じられるときや、だんだんと痛みが強くなっているようなときは、練習を休んだり、家の人や先生に相談したりしましょう。

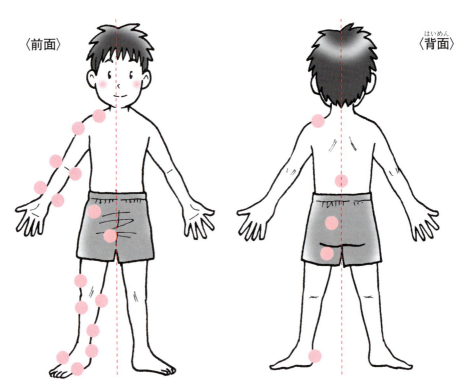

主なチェックポイント
左右、同じ位置をチェックしましょう。

＜主な参考文献＞

深代千之著『子どもの学力と運脳神経を伸ばす魔法のドリル』カンゼン、2018

深代千之監修『すぐできる！　かけっこ とびばこ さかあがり』集英社、2014

深代千之監修『骨・関節・筋肉の構造と動作のしくみ』ナツメ社、2014

深代千之著『新 運動会で1番になる方法』増補改訂版、ラウンドフラット、2013

深代千之著『賢い脳をつくるスポーツ子育て術』誠文堂新光社、2013

深代千之著『スポーツができる子になる方法』アスキー、2007

安部孝・琉子友男編『これからの健康とスポーツの科学』第4版、講談社、2015

奥脇透著『スポーツ障害』少年写真新聞社、2012　　　　　ほか

あとがき
～保護者の方へ～

「自分は運動が苦手だし、自分の子どもだから運動が得意になるはずなんてない……」そんなふうに考えているお父さんやお母さんはいませんか？　そもそも運動神経の良し悪しに遺伝は関係なく、もちろん"運動オンチ"も遺伝しません。当然、得手・不得手はありますが、「最初からできる」という子どもは一人もいないのです。また、「運動ができる代わりに勉強は苦手」、逆に「勉強はできるけれど運動は不得意」といったように、2つは並び立たないのが当たり前だと考えてはいませんか？　それも違います。運動のうまいへたという巧みさも勉強も、「頭、つまり脳で行うもの」という意味では同じで、遺伝ではないのです。

　すなわち、運動の巧みさも勉強も、できるかどうかは生まれた後の環境、つまり『やるかどうか』で決まってくるものなのです。のみ込みの早い子、遅い子といった差はあるものの、生まれつきなんでもできる子はいないのです。例えば、小学校で見られる運動の得意・不得意の差は、その運動に近い体の動かし方を幼児期に経験しているかどうかによって決まってきます。経験したことがない子は「はじめてだからうまくできない」だけで、それは（欧米人のように）箸を練習していなければ箸が使えないのと同じ原理なのです。

　勉強と運動とは相関関係にあり、双方が関係しているというデータがあります。アメリカで行われた疫学研究によれば、カリフォルニア州の小・中学生を対象にした調査「カリフォルニア州の体力と学力の相関関係」[1]では、「運動能力が優れた子は学力テストの結果も同様にいい」という結果が出ています。また、イリノイ州で実施された別の研究「小学生の全身持久力と算数・読解テストの成績との関係」[2]でも運動と勉強の相関関係があったという結果が出ています。

　これらの研究は、運動による刺激が、記憶や認知、論理的思考の構築や集中力と関係があることを示しています。そして、アメリカのハーバード大学はオリンピック選手を200名以上輩出しており、オリンピック出場後に弁護士や医師になる人もめずらしくないのです。

　ところで、わたしたち人間は最初に頭が大きくなり、幼児期は脳の中に神経が

どんどん張り巡らされます。この時期にさまざまな動作に挑戦すると、脳神経に活発に電気が通って道筋ができ、その動作が記憶されるようになります。「同じ道筋に電気が通ると、同じ動きが思い出される」というのが記憶のしくみで、これは九九でも、箸の使い方でも、ボール投げでも、すべて同じなのです。子どもがスポーツを始める前の段階で、「走る」「とぶ」「投げる」「打つ」などのいろんな動作を覚えて脳に格納しておくと、さまざまなスポーツの場面でそれを引き出して使えるのです。これは、数学の応用問題を解くときに、いくつかの公式の中から適切なものを使えばその問題を解くことができるのと同じで、勉強とも似ています。

　このように、幼少期からいろいろな遊びを通じて「身体の動かし方」を身につけておくことで、子どもは運動への苦手意識を持たずに育つことができ、そうしてスポーツに親しんでいくことが、ひいては"考える力"や記憶力、つまり学力の向上につながります。

　本書はそんなことを具体的に記した『＜知的＞運動のすすめ』なのです。本書を保護者が理解して子どもとともに体を動かし、「できないことができるようになる」という体験をさせることで、子どもは自信を持ち、その自信が勉強だけでなく、将来的に社会へと出るにあたっての人間形成などにも通じていくのです。すなわち、運動やスポーツには、健康・体力増進といった直接的な効能だけでなく、「脳の発達」を促すチカラがあります。そういったことを、ぜひご家庭でも保護者が主導して、一緒に遊びながら子どもたちに伝えてあげましょう。

深代 千之

　もっと知りたい方は、スポーツ庁Web広報マガジンデポルターレ「運動ができるようになると、アタマもよくなる!?　専門家に聞く！ 子供の能力を引き出すためのメソッド」(https://sports.go.jp/tag/kids/post-20.html) をご覧ください。

＊１：Grisson, J.B. 'A Study of the Relationship Between Physical Fitness and Academic Achievement in California Using 2004 Test Results', The California Department of Education, 2005
＊２：Hillman, C.H. et al "Be smart, exercise your heart: exercise effects on brain and cognition" Nature Reviews Neuroscience., 9: 58-65, 2008

さくいん

【あ】

アキレス腱······························ 24
鞍関節·························· 21, 22
意味記憶······························ 39
イメージ練習······················· 49
運動野······························ 37
エピソード記憶··················· 39
オーバーラーニング············ 48

【か】

回外······························ 23
外旋······························ 23
外側広筋·················· 24, 29, 35
外側半月板························· 19
外転······························ 22
回内······························ 23
外腹斜筋························· 24
海綿質························· 14
下腿三頭筋·················· 24, 35
滑液························· 18
可動関節························· 18
感覚野························· 37
関節円板························· 19
関節窩·················· 19, 20, 21
関節頭·················· 19, 20, 21
関節軟骨························· 18
関節包························· 18
眼輪筋························· 24
球関節·················· 20, 21, 23
臼状関節·················· 21, 22, 23
胸骨························· 12
胸鎖乳突筋························· 24
胸椎························· 12
棘筋························· 35
筋原線維························· 27
筋上膜························· 26
筋線維·················· 26, 27, 28, 29, 30
筋線維束·················· 26, 27
屈曲························· 22
けい骨·················· 12, 19
けい椎·················· 12, 20
肩関節·················· 20, 23
肩甲骨····· 12, 20, 53, 54, 61, 62, 63, 64
後十字靭帯························· 19

後頭筋······························ 24
後頭葉······························ 37
広背筋·························· 24, 35
股関節··· 21, 22, 23, 54, 60, 61, 62, 64,
　　65, 83, 85
骨格筋·················· 24, 25, 26, 28, 34
骨芽細胞·················· 15, 16
骨幹·················· 14, 88
骨髄························· 15
骨端························· 14
骨端線·················· 14, 17, 30, 88
骨膜························· 14

【さ】

最長筋······························ 35
細胞·················· 14, 15, 16, 26, 27, 38
鎖骨·················· 12, 20
坐骨························· 12
三角筋························· 24
視覚野························· 37
指節間関節························· 22
膝蓋骨························· 12
質量························· 32
地面反力·················· 33, 52, 53, 66, 68
車じく関節·················· 20, 23
尺骨·················· 12, 20, 23
手骨························· 12
手根間関節························· 21
手根中手関節·················· 21, 22
小脳·················· 37, 41, 48
小腰筋························· 35
上腕骨·················· 12, 20, 23
上腕三頭筋·················· 24, 25, 29
上腕二頭筋·················· 24, 25, 29
靭帯·················· 18, 19
伸展························· 22
随意運動·················· 36, 37
随意筋························· 24
スウィートスポット··········· 78, 79, 80, 81
頭蓋骨·················· 12, 13
スナップ動作························· 76
正中環じく関節························· 20
脊髄························· 36
脊柱························· 12

脊柱起立筋……………………………… 35
セメントライン………………………… 16
前きょ筋………………………………… 24
前けい骨筋…………………………… 24, 35
仙骨……………………………………… 12
前十字靭帯……………………………… 19
前頭筋…………………………………… 24
前頭葉…………………………………… 37
前腕……………………………………… 23
僧帽筋…………………………………… 24
足骨……………………………………… 12
側頭葉…………………………………… 37
速筋線維………………………………… 28

【た】
体幹…… 22, 44, 52, 53, 55, 60, 62, 63,
　　66, 75, 76, 77, 83, 86
大胸筋………………………………… 24, 29
大腿筋膜張筋…………………………… 24
大腿骨………………………………… 12, 19, 21
大腿四頭筋…………………………… 24, 35
大腿直筋…………………………… 24, 29, 35
大腿二頭筋……………………………… 24
大殿筋………………………………… 24, 35
大脳……………………………………… 37
大脳基底核……………………………… 37
大腰筋…………………………………… 35
だ円関節………………………………… 21
短期記憶………………………………… 38
短骨……………………………………… 14
遅筋線維………………………………… 28
恥骨……………………………………… 12
ち密質…………………………………… 15
ちゅう関節…………………………… 20, 23
聴覚野…………………………………… 37
長期記憶…………………………… 38, 39, 40
腸骨………………………………… 12, 21
長骨……………………………………… 14
腸骨筋…………………………………… 35
ちょうつがい関節………………… 20, 22, 23
腸腰筋………………………………… 35, 54
腸肋筋…………………………………… 35
手順記憶………………………………… 39
手続き記憶……………………………… 39

とう骨…………………………… 12, 20, 21, 23
とう骨手根関節………………………… 21
とう尺関節……………………………… 23
頭頂葉…………………………………… 37

【な】
内旋……………………………………… 23
内側広筋…………………………… 24, 29, 35
内側半月板……………………………… 19
内転……………………………………… 22
脳…13, 26, 27, 36, 37, 38, 40, 43, 49, 86
脳幹……………………………………… 37

【は】
破骨細胞……………………………… 15, 16
ハバース管……………………………… 15
ハバース層板…………………………… 15
ハムストリングス……………………… 24
半月板…………………………………… 19
半腱様筋………………………………… 24
半膜様筋………………………………… 24
ひ骨………………………………… 12, 19
尾骨……………………………………… 12
ひ腹筋………………………………… 24, 35
ヒラメ筋……………………………… 24, 35
フィードバック………………………… 50
腹直筋………………………………… 24, 35
平面関節………………………………… 21
扁平骨…………………………………… 14
縫工筋………………………………… 24, 29

【ま・や・ら・わ】
腰椎……………………………………… 12
レミニッセンス………………………… 48
肋骨………………………………… 12, 13
若木骨折………………………………… 89
腕とう骨筋……………………………… 24

-95-

【監修者・イラストレーター紹介】

深代 千之（ふかしろ せんし）

東京大学大学院総合文化研究科・教授。1955 年群馬県生まれ。東京大学大学院教育学研究科修了。博士（教育学）。力学・生理学などの観点から身体運動の理解と向上を図るスポーツ科学の第一人者。「文武両道」をスポーツ科学の観点から提唱しており、スポーツ庁・文部科学省の冊子や保健体育教科書の作成も手掛けている。『＜知的＞スポーツのすすめ』（東京大学出版会、2012）、『運動会で一番になる子どもの育て方』（東京書籍、2011）など著書多数。日本テレビ「世界一受けたい授業」や NHK「きわめびと」は大反響となった。（一社）日本体育学会会長、日本バイオメカニクス学会会長。2018 年、秩父宮章受章。

桐谷 綾（きりがや あや）

神奈川県生まれ。東京デザイナー学院を卒業後、少年写真新聞社で学校掲示用写真ニュースのイラストのほか、健康教育から絵本まで様々なジャンルの書籍の挿画を担当。数年後フリーのイラストレーターに。
挿画作品に、『早起き早寝朝ごはん』『くすりの正しい使い方』『「メディア漬け」で壊れる子どもたち』『女の子が大人になるとき』（いずれも少年写真新聞社）など、多数。

カバーデザイン：芝山雅彦（SPICE）

東大教授が教える とっておきスポーツ上達ドリル

2019年12月25日　初版第 1 刷発行
監　修　深代 千之
　絵　　桐谷 綾
発行人　松本 恒
発行所　株式会社 少年写真新聞社
　　　　〒102-8232　東京都千代田区九段南 4 - 7 -16市ヶ谷KTビル I
　　　　Tel（03）3264-2624　Fax（03）5276-7785
　　　　http://www.schoolpress.co.jp
印刷所　図書印刷株式会社
Text©Shonen Shashin Shimbunsha 2019, Illustrations©Aya Kirigaya 2019 Printed in Japan
ISBN 978-4-87981-694-8　C0075　NDC780

本書を無断で複写・複製・転載・デジタルデータ化することを禁じます。
乱丁・落丁本はお取り替えいたします。定価はカバーに表示してあります。

スタッフ　編集：少年写真新聞社書籍編集課　DTP：金子恵美　編集長：山本敏之